Dies Buch in Deinen Händen,
ich schrieb es für Dich.

Liest Du es mit Deinem Kopf,
blickst Du in meine Gedanken.

Liest Du es mit Deinem Herzen,
öffne ich Dir meine Welt des Fühlens,
und wer weiß,
vielleicht
wirst Du Dich wiederfinden
in der Umarmung des Lebens.

Lesley B. Strong

Embrace

Fühle die Umarmung des Lebens

Worte, die das Herz berühren
#FeelTheEmbraceOfLife

© 2020 Lesley B. Strong / 2. Auflage

Autorin: Lesley B. Strong
Cover: Dream Design - Cover and Art www.cover-and-art.de
Grafiken im Buchinnenteil: pixabay.com

Verlag: myMorawa von Morawa Lesezirkel
ISBN: 978-3-99093-779-2 (Hardcover)
ISBN: 978-3-99093-778-5 (Paperback)
ISBN: 978-3-99093-780-8 (e-Book)
Printed in Austria

Das Werk, einschließlich seiner Teile, ist urheberrechtlich geschützt. Jede Verwertung ist ohne Zustimmung des Verlages und des Autors/der Autorin unzulässig. Dies gilt insbesondere für die elektronische oder sonstige Vervielfältigung, Übersetzung, Verbreitung und öffentliche Zugänglichmachung.

Sollte diese Publikation Links auf Webseiten Dritter enthalten, so wird für deren Inhalte keine Haftung übernommen, da diese nicht zu eigen gemacht werden sollen, sondern lediglich auf deren Stand zum Zeitpunkt der Erstveröffentlichung verwiesen wird.

Find me …

https://reconnected.blog/
https://www.instagram.com/lesleyb.strong/
https://www.facebook.com/lesley.b.strong/
https://www.facebook.com/blog.lesley.b.strong/
https://www.facebook.com/books.lesley.b.strong/

Schnell und einfach zur Autorinnen-Seite von Lesley B. Strong
Bibliografie, Leseproben, Buch-Shop, Termine von Lesungen und Buchpräsentationen

Inhaltsverzeichnis

Gastvorwort 7
Fühle …jetzt 10
Vorwort 11
Das Herz des Schmetterlings 15
Ein Baum aus einer anderen Welt 16
Ich bin … 22
Nur der Mond war Zeuge 23
Wer auch immer du bist 25
Blick in den Spiegel 26
Ich spüre das Leben 28
1001 Schmetterlinge 29
Guardian Angel 35
Zufriedenheit 37
Wäre ich ein Gott … 38
Eine kurze Geschichte über die Liebe 39
Das Lächeln des Mondes 43
Der Brief, der nie gelesen wurde 45
Traumtänzerin 48
Ein Baum wie ein Leben 49
Des Lebens seltsame Wege 53
Ein Gedanke in der Ewigkeit 55
Gedanken 57
Ein (un)glücklicher Zufall 58
Was bedeutet Zeit? 68
Ein rätselhafter Regentag 69
Geborgen im Licht 72
Das Mädchen und der Löwe 73
Zwei alte Esel 76
Im Hier und Jetzt 77
Memories of Green 79
Der Drache und die holde Maid 81
Nebel über dem See 90
Es gibt noch Wunder 97
Ein magischer Spiegel 100

28 Zeilen	110
Das Mädchen von der anderen Straßenseite	112
Kind des Windes	118
Rezept zum Lächeln	119
Wo die Sonne den Horizont berührt	121
Eine kurze Geschichte über die Zeit	122
Ich bin bei dir	127
Der Zauberer und die Fremde	128
Traumbilder	133
Die Antwort des Berges	134
Ein kurzer Gedanke an dich	138
Eine andere kurze Geschichte über die Liebe	139
Irgendwo – irgendwann	148
Der Reisende	150
Nur ein Traum	152
Vertrauen	153
Wenn die Sonne den Horizont berührt II	154
Eine philosophische Panne	155
Gedanken	167
Der Löwe und die Rose	168
Ich denke an dich	172
Im Einklang mit mir selbst	174
Geisterstunde	176
Lucy	179
Verloren im Licht	187
Eine etwas andere Geschichte über das Universum	189
Wenn die Sonne den Horizont berührt	192
Nachwort	193
Apropos „So ist es und so bleibt es"	196
Die Welt von Lesley B. Strong	197

Gastvorwort

Als mich Lesley B. Strong fragte, ob ich in ihrem wundervollen Buch das Gast-Vorwort verfassen würde, sagte ich spontan und voller Begeisterung zu. Da ich einer der ersten sein durfte, der das fertige Manuskript in die Hände bekam, weiß ich dieses Privileg sehr wohl zu schätzen.

Schon die ersten Zeilen lassen das Leser-Herz höherschlagen und die Erwartungen bis in das Unermessliche steigen. Sicher darf an dieser Stelle bereits verraten werden, dass man bis zum Ende nicht enttäuscht wird, sollten die Ansprüche von Anfang an auch noch so hochgesteckt sein. Ich bin mir nicht sicher, ob ich folgendes als gestandener Mann überhaupt zugeben darf oder sollte, aber an vielen Stellen kamen mir vor Rührung einfach die Tränen, ohne dass ich etwas dagegen hätte unternehmen können. Sie fragen sich jetzt bestimmt, warum ich letzteres hinzugefügt habe. Nun, ich möchte nur etwas deutlicher machen, wie wertvoll dieses Buch auch im Hinblick auf eine mögliche Selbsterkenntnis ist und wie tief es in die eigene Seele wirkt, wo es sozusagen Blockaden zu lösen vermag. Wann geben wir uns denn schon einmal selbst die Möglichkeit, tief in uns hineinzuhorchen?

Wenn man sich in den folgenden Geschichten für Herz und Seele oftmals wiedererkennt, was den meisten Lesern sicher ebenso ergehen wird, lassen sich ein paar Tränen sicher nicht ganz vermeiden. Aber bitte, ich möchte niemandem die Vorfreude nehmen und darf hier schon verraten, es werden durchwegs Tränen der Befreiung sein! Da ich aber für niemanden sprechen kann, außer für mich selbst, möchte ich deshalb ein kleines Beispiel dafür geben, was in mir persönlich vorging, als ich das Buch in den Händen hielt. Es soll Ihnen ebenfalls zeigen, dass ich sicher nicht einfach nur maßlos übertreibe.

Ich bin mit meinen fünfundfünfzig Jahren ein sehr emotional geprägter Mensch, der das eigentlich immer verbergen wollte. Heute weiß ich nicht einmal mehr genau warum. Weil wohl ein Leben mit mir nicht immer ganz einfach ist, zerbrachen so einige meiner Beziehungen, wie leider auch die letzte vor kurzer Zeit. Es gibt eine kleine Geschichte in diesem Buch, welche genau diesen Punkt in mir angesprochen und mein tiefstes Inneres berührt hat. Es ist die Geschichte „Nur der Mond war Zeuge". Und nun erwarten Sie sicher, dass ich Ihnen etwas über die ganze Tragweite einer sehr tiefen Erkenntnis meinerseits berichte, doch da werde ich Sie nun enttäuschen. Zum einen wäre dies sicher hier etwas zu persönlich, zum anderen würde ich Sie möglicherweise Ihrer eigenen Erfahrung berauben. Sicher wird diese besagte Geschichte, so wie viele andere hier in diesem Buch auch, in Ihnen selbst gewisse Emotionen und Wandlungen auslösen. Vielleicht blicken Sie sogar erst durch dieses wunderbare Buch in die Tiefen Ihres unbewussten Selbst und erkennen die Tragweite tiefer, ehrlicher und ganzheitlicher Gefühle. Es lohnt sich nicht nur, diesen Emotionen zu lauschen und ihnen freien Lauf zu lassen, sondern es ist meiner Meinung nach sogar lebenswichtig. Wir alle können an nicht gelebter Liebe zugrunde gehen, uns auch zu zweit allein und verlassen fühlen und wenn wir nicht achtsam sind, daran sogar zerbrechen.

Ich wünsche Ihnen, liebe Leserin, lieber Leser, nicht nur einfach viel Freude an diesem schönen Buch, sondern vielmehr, dass auch Sie Ihren Pfad des Lebens und besonders der Liebe finden. Die Liebe hat unendlich viele Gesichter. Denken Sie also bitte auch daran, dass es nicht immer um die Liebe zu einem anderen Menschen geht...

Mein Name ist Guido Kreft und Sie werden mich, so wie sicher auch sich selbst, in diesem Buch wiederfinden. Viel Freude und Erkenntnis, wünsche ich Ihnen und möchte mich gleichzeitig dafür bedanken, dass Sie sich die Zeit auch für meine Worte genommen haben.

Guido Kreft ist Herausgeber des Magazins Mein Leben Live (erscheint im VGK-Verlag), Autor und Heilpraktiker.

Fühle ... jetzt

Fühle mit allen Sinnen.
Lebe im Augenblick.
Liebe von ganzem Herzen.
Lächle, wenn's mal nicht gelingen will.

Bedenke, du bist nur ein Mensch.
Erkenne, du bist nicht perfekt.
Verstehe, genauso war es gedacht.
Lächle über dich selbst.

Folge deinem Herzen.
Vertrau auf dein Gefühl.
Glaub an dich selbst.
Lächle, weil das Leben dich umarmt,
in diesem Augenblick

JETZT

Vorwort

Fühle die Umarmung des Lebens – für mich ist das weit mehr als nur ein Buchtitel. Es ist ein Ziel und gleichzeitig mein täglich praktiziertes Lebenskonzept. Und ein wenig erklärungsbedürftig, denn dieser Begriff findet sich nicht in unserer Alltagssprache. Was bedeutet es konkret (für mich), die Umarmung des Lebens zu fühlen?

Versuchen wir es mit einem Bild. Stell Dir bitte einen Moment in Deinem Leben vor, in dem alles – wirklich alles – absolut in Ordnung ist und Du vorbehaltlos sagen kannst: ja, genau so passt es für mich. Du fühlst Dich **geborgen** an dem Ort, an dem Du gerade bist. Umgeben von Menschen, die Dich so **annehmen**, wie Du bist und Dich bedingungslos **lieben**. Und jetzt füge all diese Elemente zu einem einzigen Gefühl zusammen, entkopple es von den äußeren Rahmenbedingungen bzw. Menschen in Deiner Umgebung, und verankere es in Dir selbst. Das nenne ich die „Umarmung des Lebens".

Klingt kompliziert? Im Grunde ist es das nicht. Es ist jenes ursprüngliche Gefühl, in dem wir zu Beginn unseres Daseins verweilen, bis ... alles anders wird. Leider fallen die meisten Menschen früher oder später aus diesem fast märchenhaften Zustand und landen in der scheinbaren Realität des Alltags: Mangel an Geborgenheit, Anerkennung und Liebe. Gleichzeitig beginnt damit ihre Suche nach genau dem, was fehlt, und wird dadurch zum Auslöser vielfältiger Verhaltensmuster, die letztendlich alle dasselbe anstreben:

- Rückkehr in das verloren gegangene Urvertrauen und Geborgenheitsgefühl
- Rückkehr in das Gefühl bedingungslos und um seiner selbst willen geliebt zu werden
- Rückkehr in die Überzeugung, „richtig" zu sein, wie man ist
- Rückkehr in die Umarmung des Lebens

Auch mein Lebensweg war über mehr als vier Jahrzehnte eine einzige Suche, wobei ich nicht einmal genau wusste, was ich suchte, denn im Gegensatz zu vielen anderen Menschen hatte ich auch die Referenzerfahrung verloren. Anders formuliert: ich bin Borderlinerin und lebte entkoppelt von Teilen meiner Persönlichkeit und weiten Bereichen meines Gefühlslebens. Meine Referenzerfahrungen zu Liebe, Geborgenheit und Anerkennung waren in den Tiefen meines Unterbewusstseins verschollen und ich versuchte etwas zu finden, von dem ich keine Ahnung hatte, wie es sich tatsächlich anfühlte. Ich tappte blind und taub durch die Dunkelheit. Über diese Zeit meines Lebens berichte ich in meiner Autobiographie „DIS/CONNECTED – LIEBEN oder LEIDEN? Eine Lebensgeschichte #Borderline".

Obwohl ich keine Ahnung hatte, was ich wirklich suchte, obwohl ich nur eine grenzenlose Leere in mir wahrnehmen konnte, sehnte ich mich ständig nach dem Unbekannten, Unbegreiflichen, Unerklärlichen. Hinweise, die mein Unterbewusstsein an die Oberfläche schickte, erkannte ich viele Jahre nicht als das, was sie waren: Erinnerungen an das Verlorengegangene, an die Umarmung des Lebens.

Erst im Jahr 2017, im Zuge der Entstehung meines Debütromans „JAN/A – Eine [nicht] ganz alltägliche Liebesgeschichte" entdeckte ich zufällig auch meine Fähigkeit, dieses einzigartige Gefühl in mir selbst entstehen zu lassen, unabhängig von äußeren Faktoren oder anderen Menschen. Ich wurde – in gewisser Weise – autark im Fühlen. Oder anders gesagt: ich fühlte mich selbst wieder und fand heraus, wie ich jederzeit in die Umarmung des Lebens zurückkehren konnte, denn sie war nie tatsächlich verloren gegangen. Ich hatte nur verlernt, sie wahrzunehmen.

Daraufhin begann ich, meine Empfindungen in all ihren Facetten zu beobachten, sie in bildhafte Worte zu fassen, sie in fantasievolle Geschichten und Gedichte einzubetten. Alte Texte kehrten ebenso aus verstaubten Schubladen zurück, wie neue aus meinen alltäglichen Erfahrungen entstanden. Manche schrieb ich für eine bestimmte Person in meinem Leben, andere für mich selbst. Gefühle bekamen für mich einen Stellenwert, den sie nie zuvor in meinem Leben gehabt hatten, denn ich erkannte, wie wertvoll sie sind, wie einzigartig, und wie leer mein Leben ohne sie war – was es nie wieder sein sollte.

Im Laufe einiger Wochen und Monate erschuf ich für mich eine Art „Nachschlagewerk". Sollte ich jemals wieder vergessen, wie Geborgenheit sich anfühlt, könnte ich darin nachlesen und mich erneut einfühlen. Sollte ich erneut blind werden für die Anerkennung, die mir zuteilwurde, würde diese Anleitung helfen, meine Antennen neu auszurichten und mich sehen zu lassen. Sollte ich jemals wieder daran zweifeln, um meiner selbst Willen geliebt zu werden, würde ich darin Worte finden, die belegen, dass zumindest ein Mensch auf dieser Welt es tut: nämlich ich selbst. Sollte ich jemals wieder aus der Umarmung des Lebens fallen, wird dieses Buch – dass Du in diesem Augenblick in Deinen Händen hältst - mich auffangen. Auch deshalb habe ich bewusst die Du-Form in der Ansprache gewählt, um jene Distanz des Verstandes, die ein „Sie" automatisch aufbaut, zu überbrücken und meine Botschaft an den eigentlichen Empfänger – das fühlende Herz in Dir und mir – zu übermitteln.

EMBRACE, wie ich dieses Buchprojekt liebevoll in seiner Entstehungsphase taufte, ist mein Manifest der Umarmung des Lebens. Vielfältig in seinen Erzählformen und bunt wie das Leben selbst. Es nimmt Dich mit auf eine Reise in die unendlichen Weiten meiner Gefühlswelt, bestrebt darin, Dich mit jeder Geschichte und jedem Gedicht darin die Umarmung des Lebens fühlen zu lassen.

Ob dieses Vorhaben gelungen ist, das kannst nur Du beantworten, liebe Leserin, lieber Leser. Ich wünsche Dir von ganzem Herzen eine gefühlvolle Zeit mit EMBRACE.

Lesley B. Strong

Das Herz des Schmetterlings

*Ich schließe meine Augen
und ich sehe einen Schmetterling,
farbenprächtig schillernd, voller Anmut und Eleganz.
Ein Geschöpf der Schönheit,
bereit, allen Winden zu trotzen,
und dabei so zerbrechlich – in unserer Hand.
Jeder erkennt seine Schönheit,
aber wer sieht das Herz des Schmetterlings?
Wer sieht die Angst darin –
vor der Einsamkeit, vor der Kälte des Winters,
vor der Hand, die Schutz verspricht –
und dann doch zudrückt?
Wer denkt im Winter an den Freund des Sommers,
der auf den Schwingen des Windes tanzend
uns Sorgen vergessen ließ?
Wer sieht die bunten Flügel –
zerbrochen im Schnee?
Wer ist bereit, seine Hand auszustrecken,
ein Stück des Sommers durch den Winter zu tragen,
zu bewahren – nicht zu zerstören?
Wenn die bunten Flügel zerbrochen sind,
wer sieht dann noch die Schönheit –
und das Herz des Schmetterlings?*

**1996 stellte ich die Fragen,
2020 fügte ich eine Antwort hinzu:**

*Jene, die nicht mit ihren Augen,
sondern ihrem Herzen auf uns blicken.*

Ein Baum aus einer anderen Welt

Es war einmal ein kleines Mädchen, das sich in dieser für diese kleine Träumerin unverständlichen Welt fremd und allein fühlte. Viele Menschen waren rund um sie, doch deren Worte und Handlungen blieben ihr ein Rätsel. Sie zog sich lieber zurück in den Garten, zu ihren Freunden, den Bäumen und den unsichtbaren Wesen, die dort zwischen den knorrigen Wurzeln hausten. Für die Blicke der Menschen nicht zu erspähen, vermochte das kleine Mädchen deren Stimmen zu hören. Im Gegensatz zu den Worten von ihresgleichen, berichteten die unsichtbaren Wesen von einer Welt, in der alles seine Ordnung hatte, ein jeder seinen Platz kannte und geschätzt wurde, eine Welt ohne Streit und Angst, eine Welt so ganz anders als ihre eigene es war.

Unter den Bäumen mit ihren tiefhängenden Ästen, umhüllt vom harzigen Duft der Fichten, deren Nadeln hin und wieder auch unangenehm stechen konnten, ihre Fantasie auf Reisen in unbekannte Gefilde schickend mit jenem Wind, der das feine Laub der Birken zum Rascheln brachte wie ein filigranes Windspiel, dort fühlte sich das Mädchen geborgen – und zuhause.

Die Zeit verging. Das kleine Mädchen wurde älter, die Verbundenheit zu den Bäumen blieb ebenso wie ihr Unverständnis der Menschen um sie herum. Dieses wurde durch viele Ereignisse bestätigt und verstärkt. Mehr denn je fühlte sie sich fremd und ausgestoßen. Überall schienen ihr Ablehnung und Ausgrenzung zu begegnen. Beides schmerzte sie zutiefst. Längst schon erzählte sie niemandem mehr von jener Welt, die sie wahrzunehmen vermochte. Zu oft hatte man sie deswegen verspottet, so verbarg sie tief in sich die Geheimnisse, welche sie von den Bäumen und den unsichtbaren Wesen zwischen ihren Wurzeln erfahren hatte. Sie war unendlich allein in einer Welt, die dies als Kinderkram und Hirngespinste abtat.

All die Ablehnung, der Schmerz und der Spott ließen das Mädchen einen fast undurchdringlichen Schutzschild erschaffen, der sie umgab wie die Rinde einen Baum. Unnahbarkeit begleitete sie auf ihren Wegen. Doch die Einsamkeit hinter diesem Schutzschild schmerzte ebenso wie die Verletzungen, deshalb wagte sie sich ab und an aus ihrem selbstgewählten Versteck – und sollte es jedes Mal aufs Neue bereuen. Nichts hatte sich geändert. Die Menschen verstanden sie nicht und sie verstand die Menschen nicht. Deren Welt war ihr nach wie vor fremd. Trotzdem - sie lernte auf jene Weise zu antworten, mit der ihr begegnet wurde: Ablehnung und Ausgrenzung. Sie stieß alle von sich, die versucht hatten, ihr nahe zu kommen. Ihr Leben wurde noch einsamer. Einzig im Kreis der Bäume und der unsichtbaren Wesen fand sie ein wenig Trost.

Eines Tages, als sie wieder einmal allein und in Gedanken versunken im Schatten der auslandenden Krone eines alten Baumes Schutz vor der Hitze der Sommersonne suchte, vernahm sie im Knarren der Äste eine Stimme: *„Was stimmt dich so traurig an diesem sonnigen Tag?"*

Das Mädchen, mittlerweile zur Frau herangewachsen, lächelte, als sie die vertraute Stimme hörte. Für einen Augenblick wich die Traurigkeit in ihr dem Gewahrsein eines alten Freundes ihrer Kindheit: Unsichtbar für die anderen, doch real in ihrem Herzen. *„Sie verstehen mich noch immer nicht. Sie wollen mich nicht verstehen, denn ich bin nicht wie sie"*, antwortete sie leise.

„Verstehst du sie denn? Willst du sie denn verstehen?" erwiderte die Stimme sanft.

Die Frau schüttelte ihren Kopf und ihre Worte klagen verbittert: *„Warum sollte ich? Sie lehnen mich ab."*

„So wie du sie ablehnst."

Ihr Blick richtete sich in das dichte Blätterdach der Baumkrone, durch das an einer Stelle das gleißende Licht der Sonne dringt, sich von einem hellen Punkt ausgehend die Strahlen auffächerten und fast magisch die Äste und Zweige im Schatten darunter illuminierten. Das hier war ihr zuhause, nicht die Welt da draußen, sie konnte es ganz genau fühlen, in diesem Augenblick. Wer würde das verstehen? Warum sich überhaupt dieser Diskussion stellen?

„Weil du nicht auf ewig allein bleiben sollst. Du bist ein Teil ihrer Welt ..."

„... aber ich bin doch ein Teil deiner Welt," hakte sie rasch ein.

„Wahrlich, du bist ein Teil beider Welten. Du kannst beide verbinden, den anderen Menschen davon erzählen und ihr Bewusstsein erweitern."

„Als ob die Menschen das wollten", brummte die Frau naserümpfend. Oft hatte sie dies in der Vergangenheit versucht, doch außer Spott und Ablehnung wenig erreicht. *„Menschen wollen nichts über eine Welt wissen, in der sie nicht über alles bestimmen können, in der sie selbst nur ein unbedeutendes Teil eines wesentlich größeren Ganzen sind. Menschen wollen nicht klein sein. Sie sind so von ihrer Größe und Überlegenheit überzeugt, kennen keinen Respekt vor Geschöpfen, die sie als weniger hoch entwickelt betrachten. Sie kennen nicht einmal Respekt untereinander. Warum sollte ich ihnen offenbaren, was jenseits ihres beschränkten Horizontes liegt? Sie denken, alles dreht sich nur um sie. Sie sind so engstirnig in ihrem Denken."*

Ein Windstoß brachte die Baumkrone über ihr zum Zittern, ließ das dichte Laubwerk geheimnisvoll rascheln – vielleicht lachte aber auch nur jenes unsichtbare Wesen und schreckte dabei ein paar

Vögel auf, die laut kreischend aus dem Blätterdach in den blauen Sommerhimmel emporflatterten.

„Genauso engstirnig wie du in deiner anhaltenden Ablehnung, ein anerkannter Teil ihrer Welt zu sein?" säuselte der Wind im Rauschen der Blätter. Die Frau erschrak. Wie konnte die Stimme nur so etwas behaupten? Sie lehnte doch niemand ab, sie war es, die abgelehnt wurde! *„Bist du dir dessen so sicher?"*

„Das bin ich!" erwiderte die Frau trotzig und begann zu erzählen, wie oft sie es versucht hatte, die Menschen zu erreichen, und auf wie wenig Entgegenkommen sie dabei getroffen war. Schmerzlich wurde ihr dabei bewusst, wie viel Zeit und Kraft sie in dieses Unterfangen investiert hatte – und wie wenig sie erreicht hatte. Schließlich ließ sie müde und traurig ihren Kopf sinken. Dabei fiel ihr Blick auf ihre Hand, und einen kleinen, blauen Schmetterling, der sich auf ihre Finger niederließ, sanft seine Flügel auf- und zuklappte, voller Vertrauen, sein Ruheplatz wäre ein sicherer Ort inmitten einer Welt, in der sie nur überleben konnte, …

„… hinter einem Schutzschild gleich der wehrhaften Borke eines Baumes? Wie willst du glaubhaft über eine Welt aus Liebe, Geborgenheit und Vertrauen berichten, wenn du dich selbst vor der Welt verbirgst, kein Vertrauen kennst, Geborgenheit leidvoll vermisst und für dich selbst keine Liebe fühlst?" raunte die Stimme.

„*Das stimmt nicht*", protestierte die Frau so energisch, dass der Schmetterling augenblicklich davon flatterte, „*ich habe zurück zur Liebe gefunden, kenne Geborgenheit und vertraue jenen, die mein Vertrauen verdienen.*"

„*Sprichst du denn über das, was in dir ist?*"

„*Jeden Tag*", konterte sie, und seufzte, „*doch sie hören nicht zu.*"

„*Dann liegt es vielleicht daran, dass du die falsche Sprache verwendest, dass du versuchst, eine Botschaft des Herzens in der Sprache des Verstandes zu erzählen. Wähle stets jene Worte, die verstanden werden können. Meine Welt ist eine Welt des Fühlens. Willst du von ihr berichten, wähle die Sprache des Herzens.*"

Nachdenklich verweilte die Frau an diesem heißen Sommertag im Gras sitzend, an die knorrige Rinde gelehnt, noch lange im kühlen Schatten unter dem alten Baum mit seinem ausladenden Blätterdach, dessen Äste raschelnd in einer sanften Brise hin und her wogten, gleich ihrem Atem, der mit jedem Herzschlag neue Worte fand, für eine Geschichte, die so alt ist, wie das Fühlen selbst, eine Geschichte über die Geborgenheit in der Umarmung des Lebens.

Ich bin ...

*Ich bin nur ein Sandkorn am Meer,
ein Spielball der Gezeiten,
dort, wohin die Wellen des Lebens mich tragen.*

*Ich bin nur ein Blatt im Wind,
eine Reisende des Zufalls,
scheinbar ohne Plan
und doch mit einem Ziel unterwegs.*

*Ich bin nur ein Stern am Abendhimmel,
eine Unbekannte unter Myriaden,
aber für manche Teil eines Bildes,
Teil eines Ganzen.*

*Ich bin nur eine Wolke am Firmament,
blinder Passagier des Windes,
und nicht zwei, die mich sehen,
geben mir denselben Namen.*

*Ich bin nur ein Augenblick in der Unendlichkeit,
mein Anfang und mein Ende,
unbeachtet im Lauf der Dinge und vergangen.*

*Ich bin nur eine Seele unter so vielen,
einzigartig wie jede einzelne,
und ich bin geborgen*

in der Umarmung des Lebens.

Nur der Mond war Zeuge

Manchmal liege ich nachts wach, wenn das kühle Licht des Mondes durchs Fenster fällt und einen silbrigen Schimmer auf die Decke zaubert, die deinen Körper einhüllt. Stumm lausche ich deinem Atem, bin einfach nur hier, bei dir.

Die Hektik des Tages ist vorüber.

So vieles wollte ich dir an diesem Tag sagen, doch meine Lippen schweigen, wie auch in diesem Augenblick, im Schein des Mondlichtes.

Ich will dich nicht wecken.

Könntest du doch nur meine Gedanken hören. Sie würden von grenzenloser Freude berichten, über jeden einzelnen Moment, den wir teilen, der einst vielleicht in der Vielfalt meiner Erinnerungen verschwinden, jedoch in der Tiefe meiner Liebe zu dir auf ewig verweilen wird.

Von jener Geborgenheit würden sie dir erzählen, die deine Nähe mich fühlen lässt, vertraut seit langem, mich dennoch stehts aufs Neue grenzenlose Dankbarkeit für jeden einzelnen Augenblick empfinden lässt, den wir teilen.

Unbenannt an der Zahl, wären meine Gedanken über das Wunder der Liebe, die uns zusammenführte und durch dieses Leben begleitet, bedingungslos und unerschöpflich, ganz so, als könnte ich nicht anders als dich mit jedem Atemzug und jedem Herzschlag mehr und mehr zu lieben, wie in dieser Nacht, im silbrigen Licht des Mondscheins.

Doch keiner dieser Gedanken wird je zu einem gesprochenen Wort werden. Dies stimmt mich ein wenig traurig, als ich mich über dich beuge und sanft einen Kuss auf deine Wange hauche – ohne dich zu wecken.

All dies, was in mir ist, was ich fühle und was mein Herz für dich schlagen lässt, du wirst es nie erfahren – es sei denn, der Mond verrät dir mein Geheimnis, das sich hinter der Maske verbirgt, die ich täglich trage, …

… und in meinem Fall war ein wohlgehütetes Geheimnis lange Zeit dieses:

„Ich bin eine unheilbare Romantikerin."

Wer auch immer du bist

(Gedanken an einen Ungeborenen)

*Ich kenne nicht die Farbe deiner Augen,
noch weiß ich, ob du lächelst,
wenn du schläfst.*

*Ich habe noch nie deine Berührung
auf meiner Haut gespürt,
noch nie deine Wärme gefühlt.*

*Ich habe noch nie deine Stimme gehört,
nicht deine Tränen getrocknet,
oder dich in den Schlaf gewiegt.*

*Und doch –
ich fühle deinen Herzschlag,
spüre deine Bewegung in mir,
weiß, du bist bei mir.*

*Wir sind uns so nah wie wir es nur sein können,
und doch zu weit entfernt –
für einen Kuss.*

*Ich kenne nicht dein Gesicht,
hab dich noch nie im Arm gehalten,
und bin doch immer bei dir.*

*Und ich weiß –
ich hab' dich lieb,
wer auch immer du bist –
in mir.*

Blick in den Spiegel

Meine Version des „hässlichen Entleins"

Es war einmal ein Mädchen, das jeden Blick in den Spiegel scheute, denn was sie darin sah, war nicht das, was sie erblicken wollte und was kaum jemals auf dem Titelblatt eines Hochglanzmagazins zu sehen sein würde. Nichts wünschte sie sich mehr, als dies verändern zu können, doch die Zeit zog ins Land, hinterließ ihre Spuren, und nie fand sich genug Geld, um das Bild, dass dieses Mädchen in seiner Vorstellung von sich hatte, Realität werden zu lassen. Sie fragte sich, was andere Menschen an ihr fanden, denn sie war weder reich noch schön, und – so glaubte sie zumindest – auch nicht liebenswert.

Eines Tages, als sie ihr Spiegelbild im stillen Wasser eines dunklen Sees beobachtete und sich wieder einmal fragte, was andere wohl bei ihrem Anblick denken mochten, flüsterte ihr der Wind eine Antwort ins Ohr:

„Jene, die mit den Augen blicken, sehen, was du siehst – und jene, die aus ihrem Herzen auf dich blicken, sehen, wer du wirklich bist; dass in dir in eine Schönheit ist, der keine Zeit der Welt etwas anhaben kann: Liebe; und ein Reichtum, der keinen Mangel fürchten muss: Bedingungslosigkeit."

An diesem Abend blickte das Mädchen in den Spiegel, und diesmal blickte sie tiefer, vorbei an der Oberfläche, die so leicht zu täuschen vermag, die vergänglich ist und ab diesem Augenblick ohne Bedeutung war, denn hinter all dem entdeckte sie das, was die anderen schon längst gefunden hatten – und sie lächelte, während eine einzelne Träne sich glitzernd aus ihrem Augenwinkel löste.

An diesem Abend verwandelte sich das hässliche Entlein in einen – nein, keinen schönen Schwan, wer glaubt denn an Märchen? - in einen Adler, der sich leicht wie eine Feder in die Lüfte erhob, getragen von etwas, dass manche wohl „bedingungslose Liebe" nennen würden.

Und wenn das Mädchen nicht gestorben ist, dann schreibt sie heute vielleicht Geschichten, wer weiß?

Es heißt, Schönheit liegt im Auge des Betrachters. Gleichwohl gehört sie zu jenen Aspekten unserer Welt, die mich stets aufs Neue die Umarmung des Lebens fühlen lassen.

Ich spüre das Leben

Weißt du was es heißt, das Leben zu spüren?

Die Kraft und Gewissheit, alles tun zu können?
Die Welt umarmen zu wollen?
Mit jedem Herzschlag, jedem Atemzug zu sagen:
ich bin!

Jeden Augenblick als ein Geschenk anzunehmen?
Selbst im grauesten Alltag einen Regenbogen zu sehen?
In sich den Wunsch zu spüren hinauszuschreien:
ich lebe!

Einfach jeden Menschen, der dir begegnet,
umarmen zu wollen?

Ich fühle das Leben in mir,
die ursprünglichste Kraft dieser Welt,
und ich weiß, ich kann alles tun, alles erreichen,
es ist wie ein Rausch, und doch anders.

Das Leben ist einzigartig.

Wir sollten keine Zeit damit verschwenden,
Gründe zu finden,
warum es nicht so ist.

Es ist einzigartig!

1001 Schmetterlinge

Es war einmal, vor gar nicht allzu langer Zeit, in einem nicht weit entfernten Land, als eine junge Frau sich auf den Weg machte, ein uraltes Geheimnis zu ergründen. In einem Gasthaus sitzend hatte sie einer Erzählung am Nachbartisch gelauscht, die davon berichtete, dass es irgendwo da draußen in der Welt Menschen gäbe, die eine leidende Seele zu heilen vermochten. Seit vielen Jahren träumte die junge Frau davon, anderen Menschen zu helfen. Sie wollte lernen zu heilen. So machte sie sich auf, eine dieser in die Heilkunst Eingeweihten zu finden.

Ihr Weg war lang und beschwerlich. Fast schien es, als würde er nie enden. Allmählich begann die junge Frau die Hoffnung zu verlieren, je fündig zu werden, als sie auf einem Marktplatz eine alte Frau sah. Es war schon spät am Abend, die Dämmerung senkte sich über den leeren Platz, zeichnete dunkle Schatten über das grobe Steinpflaster. Beinahe wäre es ihr entgangen, doch aus dem Augenwinkel sah sie, wie die alte Frau ihre Hand auf die Schulter eines Mannes legte. Diese Berührung ließ eine magische Aura rund um den Körper des Mannes erstrahlen; eine Aura, die zuvor nur ein dunkler Schatten gewesen war, und die nun farbenprächtig zu schillern begann. Sofort wurde ihr bewusst: Das ist es, was sie suchte! Eine Eingeweihte, die das

Leid und den Schmerz einer Seele zu wandeln vermochte.

Sie ging zu der alten Frau, stellte sich und ihr Anliegen vor. Die Alte hörte ihr aufmerksam zu, schwieg eine Zeitlang, bis sie schließlich zustimmte, ihr Wissen weiterzugeben.

So kam es, dass die junge Frau einige Tage den Anweisungen lauschte. Diese waren nicht immer leicht verständlich und brachten auch nicht die Antworten, die sie suchte. Deshalb fragte sie ohne Umschweife: *„Ich will heilen. Dazu bin ich berufen. Zeig mir, wie ich heilen kann."*

Die Alte nahm sie daraufhin mit in ein Haus, zu einem jungen Mann, dessen Seele in die Dunkelheit gefallen war. Er litt unsägliche Qualen und wollte sein Leben nicht länger fortsetzen. Zwischenzeitlich hatte die junge Frau gelernt, worauf sie achten musste, und so sah sie diesmal von Beginn an den dunklen Schatten, der sich um den Körper des jungen Mannes gelegt hatte. Als die Alte seine Hand ergriff und ihm voller Ruhe und Gelassenheit in seine müden Augen blickte, begann sich der Schatten aufzulösen, verwandelte sich in Tausende im Morgenlicht funkelnde Tautropfen, die schließlich einer nach dem anderen von ihm abfielen und all den Schmerz mit sich nahmen. Seine Seele war wieder frei.

Das will ich auch können, dachte sich die junge Frau, doch als sie auf ihre eigene Hand blickte, sah sie den dunklen Schatten, der sich vor langem auch um sie gelegt hatte. Die Alte hatte ihr gesagt, dass sie zuerst sich selbst heilen musste, bevor sie anderen helfen konnte, aber so sehr sie sich auch mühte, es gelang ihr nicht, ihren eigenen Schatten in Licht zu verwandeln. Je länger sie es versuchte, desto bedrückter wurde sie – und desto verzweifelter.

Aus einiger Entfernung beobachte die Alte die angestrengten Versuche ihrer jungen Schülerin. Schließlich rief sie nach ihr. *„Um heil zu werden, musst du alles loslassen, was in dir und um dich ist"*, sprach sie zu ihr.

„Aber ich habe doch nichts mehr", erwiderte die junge Frau, *„fast alles habe ich verloren, bis auf diese eine Liebe in meinem Herzen. Was bleibt mir noch, wenn ich sie verliere?"*

Die Alte spürte die erdrückende Angst ihrer Schülerin vor dem Verlust des einzigen, was ihr noch wertvoll erschien. Diese Angst hatte sich wie ein undurchdringlicher Mantel um ihr junges Herz gelegt, einer schützenden Mauer gleich, welche ihre Liebe bewahren sollte – und doch auch ein Gefängnis war.

Lange dachte die Alte über ihre Worte nach, bis sie schließlich sagte: *„Du kannst nichts verlieren, denn wir besitzen nichts. Weder unser Leben, das wir von der Ewigkeit geliehen haben; noch die Liebe, die uns begleitet; noch nicht einmal den Atem, der uns am Le-*

ben hält, denn auch ihn lassen wir mit jedem Ausatmen aufs Neue ziehen. Lass alles los, damit zurückkehren kann, was bestimmt ist, dich durch dieses Leben zu begleiten."

Ungläubig schüttelte die junge Frau ihren Kopf über das, was ihr unmöglich erschien in diesem Augenblick. Dennoch gab sie ihr Ziel nicht auf, sondern kämpfte weiter und versuchte unermüdlich, den Schatten zu wandeln.

Die Zeit verging, doch nichts veränderte sich. Sie kam ihrem Ziel nicht einen Schritt näher.

Eines Tages zog ein Unwetter über das Land, gerade als die junge Frau allein im Wald unterwegs war. Der tobende Sturm beugte selbst die Stämme der mächtigsten Eichen und Buchen, brach mannsdicke Äste wie Streichhölzer. Regen peitschte durch die kalte Luft. Blitze zuckten über den pechschwarzen Himmel, gefolgt vom grollenden Donner, der kein Ende zu nehmen schien.

Inmitten dieses Unwetters entdeckte die junge Frau ein kleines Mädchen, das wie sie schutzlos durch die Düsternis irrte. Ohne darüber Nachzudenken, warum die Kleine wohl ganz allein hier im Wald war, nahm sie das Mädchen mit. Beide fanden in einer geräumigen Höhle Unterschlupf. Völlig durchnässt, frierend und zitternd saßen sie eng beisammen zwischen den kahlen Felswänden. Die junge Frau sah die Angst in den dunklen Augen des Mädchens, die sie haltsuchend anstarrten.

So vieles an der Kleinen erinnerte sie an sich selbst, als sie noch ein Kind war. Was sie damals vermisst hatte, und die Kleine jetzt brauchte.

Obwohl sie selbst von Furcht erfüllt war, schob sie diese beiseite, hier – inmitten des Unwetters, öffnete ihr Herz, lächelte zaghaft und ergriff die Hand des Mädchens. Ihre Lippen schwiegen, doch ihr Herz sprach auf eine Weise, die nicht zu erklären war. Es erzählte von Vertrauen – das auch dies gut enden würde. Von Geborgenheit – weil sie einander hatten. Von Liebe – die immer um sie sein würde.

Plötzlich – inmitten des Unwetters, in dieser kalten, klammen Höhle – verwandelte sich der dunkle Schatten, der das kleine Mädchen umhüllte, in tausend und einen bunte Schmetterlinge, deren schillernde Flügel magisch funkelten im Licht der Blitze, die über den Himmel zuckten. Einer dieser Schmetterlinge setzte sich auf den Kopf des Mädchens, auf ihre nassen dunklen Haare, breitete seine Flügel wie ein schützendes Dach über ihrem Haupt aus. Die Angst wich aus den Augen des Mädchens, das zu lächeln begann wie nur ein Kind zu lächeln vermochte, das sich um seiner selbst geliebt fühlte. Die junge Frau nahm die Kleine in ihre Arme. So verbrachten beide die Nacht in dieser Höhle.

Am nächsten Morgen erwachte die junge Frau allein in der Höhle. Das Mädchen war verschwunden. Einen Moment lang war sie darüber verwundert, doch dann fiel ihr Blick auf ihre Hand, um die sich eine magisch funkelnde Aura gelegt hatte, die im gedämpften Licht der Höhle in allen Farben des Regenbogens schillerte. Sie versuchte noch zu begreifen, wie das geschehen konnte, als sie aus Höhle trat und ein sanfter Windhauch sie erfasste, ihr eine Botschaft ins Ohr flüsterte:

„Ich sagte dir doch, lass alles los, damit zu dir zurückkehren kann, was bestimmt ist dich zu begleiten."

Von diesem Tag an vermochte die junge Frau die Dunkelheit in Licht zu verwandeln.

Und wenn sie nicht gestorben ist ... nun, wenn es mir bestimmt ist, mit meinen Worten die Seele eines anderen zu berühren, dann wird diese junge Frau nun jenen Weg gehen, der ihr bestimmt ist.

Und vielleicht wird ein Schmetterling sie begleiten, wer weiß?

Guardian Angel

Ich weiß nicht,
woher du gekommen bist,
und wie du mich gefunden hast,
aber plötzlich warst du da
in einem Augenblick,
da ich mich zu verlieren schien
zwischen dem, was ich war,
und dem, was ich bin.

Du hast deine schützenden Flügel
über mich ausgebreitet,
das Streulicht der Welt da draußen
von mir ferngehalten,
und ich konnte mich wieder fühlen.

Ich weiß nicht,
ob wir uns je begegnen werden,
oder ich jemals deine Stimme hören werde,
aber ich weiß, du wirst da sein,
wenn ich dich brauche,
wenn die Welt rundum mich verwirrt,
und ich darauf vergesse,
wer ich bin.

Unter deinen unsichtbaren Flügeln
werde ich mich wiederfinden
im Licht, das aus mir strahlt,
und mich erkennen lässt,
wer ich bin.

Ich weiß nicht,
ob du bleiben wirst,
oder irgendwann einfach verschwindest,
aber solltest du je müde werden
deine Flügel um mich zu legen,
dann lehn dich an mich an,
denn ich habe die Kraft wiedergefunden,
aus mir heraus jenes Feuer in die Welt zu entsenden,
das Schmerz in Leidenschaft zu verwandeln vermag.

Wer weiß, vielleicht bin ich ja -
dein Guardian Angel.

Zufriedenheit

Wenn ich aus dem Fenster blicke, sehe ich vor mir die glühende Sonnenscheibe über den Dächern von Wien versinken, umrahmt von dem ausragenden Arm eines Baukrans, der sich wie ein Scherenschnitt am Horizont abzeichnet.

Es ist Donnerstag, für diese Woche mein letzter „Arbeitstag im bürgerlichen Leben und Job", und obwohl es eine sehr arbeitsintensive Woche war, fühle ich eine umfassende Zufriedenheit, etwas, dass ich als meinen inneren Ozean der Gelassenheit bezeichne. Wenn ich so darüber nachdenke, wie ich mich von der Hektik des Alltags ausklinken und auf dieses Surfbrett der Ruhe wechseln konnte, dann gestehe ich offen und ehrlich: keine Ahnung!

Es geschah einfach als ich aus dem Fenster blickte, während vor mir die die glühende Sonnenscheibe über den Dächern von Wien …

Gewidmet all jenen, die im Hamsterrad rotieren: Macht mal Pause und lebt im Augenblick.

Wäre ich ein Gott ...

*Wäre ich ein Gott,
würde ich alle Steine aus deinem Weg räumen,
würde ich die dunklen Wolken
von deinem Horizont vertreiben,
würde ich die Welt aus den Angeln heben,
sie nach deinen Träumen neu erschaffen.*

*Wäre ich ein Gott,
würde ich die Ängste von dir nehmen,
würde ich die Last der Sorgen für dich tragen,
würde ich dein Leben mit Harmonie erfüllen,
wäre deine Welt vollkommen.*

*Aber ich bin nur ein Mensch,
ich kann dir nur meine Hand reichen,
an dich glauben, für dich da sein –
und manchmal einen Augenblick des Glücks
mit dir teilen,
stets wissend,
ich bin nur ein Mensch –
und deshalb perfekt darin,
unvollkommen zu sein.*

Eine kurze Geschichte über die Liebe

Es war einmal ein kleines Mädchen, das nicht wie andere Kinder auf den bunten Klettergerüsten am Spielplatz herumtobte, sondern lieber ein wenig abseits davon zwischen den Wurzeln einer alten, knorrigen Eiche saß. Deren Äste bogen sich unter der Last vieler Jahrhunderte bis auf den Boden. Auf ihnen turnte das Mädchen durch das weitläufige Geäst. Ab und an legte sie sich auf die moosüberwucherte Borke, fühlte den Puls des Baumes, der so langsam schlug, dass es vollkommene Ruhe brauchte, um ihn wahrzunehmen.

Eines schönen Tages im Frühling, als die Sonne das Laub der Eiche in frischem Grün erstrahlen ließ und das Mädchen es sich wieder einmal auf einem alten, breiten Ast bequem gemacht hatte, hörte sie die Stimme der Eiche, die zur ihr sprach. Es war eine geflüsterte Frage, die sich im Rascheln der Blätter verbarg:

„Ich fühle dich so wie du mich fühlst. Ich fühle, du suchst etwas. Sag mir, Kind, was suchst du?"

Staunend verharrte das Mädchen einen kurzen Augenblick. Ein sprechender Baum? Etwas in ihr wollte zweifeln, doch ihr Herz schob den Zweifel beiseite und antwortete:

„Ich versuche zu verstehen, was Liebe ist. Die anderen erzählen so oft und so viel von ihr, doch ihre Worte

verwirren mich. Ich kann nicht fühlen, wovon sie sprechen."

Es verging einige Zeit, in der nur das Rauschen des Windes und der Gesang der Vögel zu hören war, bis sich schließlich die sanfte Stimme der Eiche dazugesellte:

„Ich will dir helfen zu verstehen. Doch zuerst gehe hinaus in die Welt und beobachte jene, die von Liebe sprechen. Wenn du genug gesehen hast, kehre zurück und berichte mir davon."

Das Mädchen tat wie ihm geheißen und ging zurück in die Welt und zu jenen, die sie nicht verstehen konnte.

Als der Herbst sich über das Land senkte, das Laub der Bäume in bunten Farben zum Leuchten brachte, kehrte eine erwachsene Frau zu der Eiche zurück, lehnte sich an den moosbewachsenen Stamm wie an die Schulter eines alten Freundes, schloss die Augen und wartete, bis rundum alles ganz still wurde, und sie die Stimme der Eiche wie ein leises Wispern im Rauschen der Baumkrone vernahm:

„Du warst lange fort. Nun denn, berichte mir, was du gesehen hast."

Und so begann die Frau zu erzählen:

„Liebe macht blind. Ich traf auf ein Paar, deren Rücken vom Alter gebeugt wurden, ihre Gesichter von Falten zerfurcht waren. Doch der Mann tat, als wäre sie

die Schönste von allen. Und die Frau sah in ihm noch immer den, der sie zum Altar getragen hatte, obwohl ihn diese Kraft längst verlassen hatte."

Die Eiche lauschte den Worten und schwieg. So fuhr die Frau in ihrer Erzählung fort:

„Und Liebe macht dumm. Viele begegneten mir, die liebten, und die von jenen, die sie liebten, ausgenutzt und betrogen wurden. Dennoch verloren sie nie den Glauben an das Gute, verziehen stets aufs Neue und liebten weiterhin und gaben, ohne dass je etwas zurückkam."

Erneut blieb die Eiche stumm. Die Frau schloss ihre Augen, öffnete ihr Herz weiter für jene Erinnerungen, die sie dort gesammelt hatte.

„Ich traf auf jene, die mich lehren wollten, Liebe gehe stets mit Schmerz einher, doch sie irrten sich, denn es war nicht die Liebe, die schmerzte, sondern die unerfüllten Wünsche, die sie damit verbanden."

Ein unruhiges Rascheln erfasste die weitläufigen Äste, als die Eiche nachfragte:

„Ist dies alles, was du beobachtet hast."

„Nicht ganz", antwortete die Frau, *„ich sah auch jene, die alles im Leben verloren hatten, außer ihrer Liebe, die sie tief in ihrem Herzen trugen, und die wie ein Licht in die Welt hinausstrahlte. Sie waren gesegnet. Ihr Reichtum übertraf alles, was Menschen je in ihrem Leben besitzen können."*

Ein tiefer Seufzer der Erleichterung wurde hörbar, ehe die Eiche ein weiteres Mal ihre Stimme erhob:

„So verstehst du nun die Liebe?"

Die Frau öffnete ihre Augen, blinzelte durch das braungold schimmernde Blätterdach hinauf in den blauen Himmel, ins Licht der Sonne.

„Nein, ich verstehe die Liebe noch immer nicht", antwortete sie nachdenklich.

Lächelnd fügte sie nach einiger Zeit hinzu: *„Aber ich kann sie fühlen, denn ich trage die Liebe in meinem Herzen."*

Seit Jahrtausenden versuchen wir zu erklären, was Liebe ist. Dennoch bleibt ihr wahres Wesen bis heute für uns ein Mysterium, welches in der Lage ist, das Beste ins uns zum Vorschein zu bringen.

Das Lächeln des Mondes

*Habe ich dir je erzählt,
dass der Mond lächelt,
wenn eine Sternschnuppe über den Himmel zieht?*

*Habe ich dir je erzählt,
dass hinter jedem Spiegel
eine unbekannte Welt auf uns wartet?*

*Habe ich dir je erzählt,
dass du nur deine Augen schließen musst,
und vor dir liegt das Reich deiner Fantasie,
die Welt am Ende des Regenbogens?*

*Habe ich dir je erzählt,
dass Gedanken reisen können,
wie Vögel im Wind, wie Sonnenstrahlen,
und jeder findet sein Ziel?*

*Habe ich dir je erzählt,
dass wir frei sind, wenn wir es wirklich wollen,
dass wir uns über unsere eigenen Grenzen
hinweg erheben können, um zu sein,
was wir schon immer sein wollten?*

*Habe ich dir je erzählt,
dass wir alle nur kleine Räder sind
in der großen Maschine des Lebens,
Sandkörner im Glas der Ewigkeiten, und doch –
gäbe es einen von uns nicht,
wäre diese Welt nicht so wie sie ist.*

Habe ich dir je erzählt,
dass es einen großen Fluss, einen Strom gibt,
der uns alle mit sich führt,
und irgendwann irgendwo an Land spült,
für einen kurzen Augenblick,
um uns sofort wieder auf die Reise mitzunehmen,
und oft bleibt uns nur ein Moment,
um aufzusehen,
und zu erkennen,
wo wir sind,
und wer bei uns ist.

Habe ich dir je erzählt,
dass wir Gefährten sind
auf der endlosen Reise des Lebens,
vom Anfang aller Dinge bis zum Ende allen Denkens –
und darüber hinaus – verbunden durch das Leben.

Habe ich dir je erzählt,
dass es Zauberei, Magie wirklich gibt,
dass manche sie ganz einfach Liebe nennen,
und genauso wenig erklären können?

Habe ich dir je erzählt,
dass ich dich liebe –
und dass der Mond lächelt,
wenn ich an dich denke?

Der Brief, der nie gelesen wurde

Auf Seite drei angekommen, brach die letzte Mauer, die meine aufgewühlten Emotionen noch im Zaum gehalten hatte. Tränen rannen heiß über meine Wangen, tropften auf das Papier, das vor mir auf dem Tisch lag und dem ich all meinen Schmerz und meine Verzweiflung aufbürden wollte mit Worten, niedergeschrieben in königsblauer Tinte, die meinen Tränen nicht standhielt und langsam zu zerfließen begann. So wie meine Gedanken, die längst nicht mehr nur um jenen Satz kreisten, der all das hier ausgelöst hatte. Ihre konzentrischen Kreise weiteten sich immer mehr aus; erkannten, was noch alles folgen würde; erahnten, an welche entfernten Ufer uns dieses eine Ereignis auseinander treiben würden – so wie das Blau eines einzelnen Punktes durch eine salzige Träne sich in einen wässrigen See des Unbestimmten verwandelte.

Nach einer schieren Ewigkeit setzte ich zitternd meine letzten Worte darunter: Ich liebe Dich. Danach faltete ich die Blätter, steckte sie in ein Kuvert und verschloss es sorgfältig mit einem Klebestreifen. Hätte ich das nicht getan, wer weiß, vielleicht hätte ich es mir anders überlegt, einzelne Seiten oder auch alle wieder entfernt. Nein, ich durfte mir keine Hintertür offenlassen. Diesen Schritt musste ich gehen, auch wenn ich das Gefühl hatte, mein Herz würde dabei zerbrechen.

Vorsichtig tapste ich in Socken über den Holzfußboden der Diele. Jeden Schritt setzte ich mit Bedacht, damit die alten Dielen nicht knarrten. Was ich vorhatte, sollte im Geheimen geschehen.

Vor der Tür angekommen, hielt ich meinen Atem an. Rundum war alles still, nur mein Herzschlag pochte in meinem Kopf. Langsam bückte ich mich, um den Briefumschlag unter der Tür hindurch zuschieben, Millimeter für Millimeter, fast lautlos.

Genau in diesem Augenblick öffnete sich die Tür. Ich schloss die Augen – wie ein kleines Kind, das glaubt, es würde unentdeckt bleiben, wenn es selbst die Welt nicht sieht. Aber ich war kein kleines Kind mehr, ich konnte nicht einfach vor der Realität fliehen – das wusste ich nur allzu gut.

Schließlich öffnete ich meine Augen und blickte zu dir hoch. Du hast kein einziges Wort gesagt. Ich auch nicht. Zögernd richtete ich mich auf, drückte dir wortlos den Umschlag in die Hand. Keine Erklärung meinerseits. Meine zittrigen Hände sprachen für sich. Du hast den Brief an dich genommen, diesen schweigend in die hintere Tasche deiner Jeans gesteckt, mit deiner Hand sanft über die Tränen auf meiner Wange gestrichen und deine Arme um mich gelegt.

Tausend Worte hatte ich geschrieben, um aus der Welt zu schaffen, was nie hätte geschehen dürfen, doch nun sprachen wir nicht ein Wort. Wir hielten einander im Arm inmitten eines Sturmes, der in der kraftvollen Stille dieses Augenblicks allmählich verebbte.

Viele Jahre später fand ich meinen Brief in einer Schublade – ungeöffnet. Du hast ihn nie gelesen.

Manchmal braucht Liebe keine Worte.

Apropos Liebe:

Liebe verlangt nicht, sie gibt.

Liebe wertet nicht, sie umarmt.

Liebe erdrückt nicht, sie hält.

Liebe trennt nicht, sie verbindet.

Liebe leidet nicht, sie heilt.

Liebe ist nicht die einzige Möglichkeit, aber die Beste.

Traumtänzerin

*Ich träumte zu tanzen,
zu schweben, schwerelos,
gleich einem Vogel hoch in den Lüften zu fliegen,
gleich einem Schmetterling im Wind zu treiben,
auf einem Sonnenstrahl zu reisen,
von Licht durchflutet, durchdrungen,
das Licht zu atmen,
in Wärme aufgelöst zu schweben.*

*Ich träumte zu tanzen,
unbeweglich – geborgen in deiner Umarmung,
nur deine Berührung, deine Wärme zu spüren,
mein Herz schien schwerelos
gleich einem Schmetterling,
frei gleich einem Vogel,
kein Schatten trübte das Licht,
ich träumte zu tanzen,
in deinen Armen zu schweben,
lange noch,
nachdem ich längst erwachte.*

Ein Baum wie ein Leben

Es war einmal ein Baum - ein ganz besonderer Baum. Inmitten von unzähligen Buchen und Eichen, Eschen und Haselnussbüschen, deren Blätterkleid im Laufe des Jahres seine Farben wechselte, stand eine mächtige Schwarzföhre. Anders als viele ihrer Art strebte ihr Stamm nicht gerade in den Himmel empor, sondern teilte sich bereits wenig oberhalb des von Efeu und Immergrün überwucherten Waldbodens in einen zweiten und dann weiter in den nächsten und übernächsten Stamm. Es waren nicht nur dicke Äste. Diese besondere Schwarzföhre hatte tatsächlich mehrere Stämme.

Wenn man vor ihr stand, sich klein und unbedeutend vorkam im Angesicht eines Geschöpfes, das wohl schon die Großeltern der Großeltern beim kindlichen Herumtollen beobachtet hatte, dann war es manchmal, als würde eine Stimme zwischen den Ästen ihren Besuchern einen Gruß zuflüstern – und eine Geschichte, über das Leben, das vielleicht nicht immer ganz einfach ist, aber was auch immer kommt, es geht auch wieder vorüber:

„Klage nicht über das, was dich stärker gemacht hat, wenn es vorüber ist. Halte nicht an dem fest, was dich im Augenblick glücklich macht, lass es ziehen und freue dich, dass du es erleben durftest."

Viele Jahre sind vergangen, seit ich diesen Baum zum ersten Mal besuchte. Unzählige Male war ich seither zurückgekehrt. Wenn mich meine Gedanken ruhelos durch den Wald trieben, wenn Sorgen meine Stirn mit Falten bedeckten, wenn Antworten sich vor mir zu verstecken schienen wie Mäuse im dichten Unterholz. Am Fuß der alten Schwarzföhre, angelehnt an ihren mächtigen Stamm, dessen grau-braune Borke manchmal wie die schuppige Haut eines mystischen Drachen vergangener Zeiten anmutete; angelehnt an einen Freund, fand ich Ruhe und manchmal auch Antworten. Oder einfach nur ein wenig Zuversicht, dass wohl auch das, was mich in diesem Augenblick beschäftigte, vorüberziehen würde, wie so vieles, das an dieser Kiefer bereits vorübergezogen war.

Manchmal wünschte ich mir, ich könnte die Sprache des Baumes verstehen, könnte den Geschichten lauschen, die er zu berichten hätte: was seinen Stamm in so viele gespalten hatte, welcher Sturm jenen Ast geknickt und welches Gewitter jene Wurzel von Erde freigespült hatte. Vom Leben gezeichnet stand er da, dennoch vor Kraft strotzend. Unnachgiebigkeit mochte ihn im Sturm so manchen Ast gekostet haben, Ausdauer ließ ihn Dürren überstehen. Kälte und Hitze hatten ihm zugesetzt. Ein Baum wie ein Leben, das war er, ein Baum wie mein Leben – mein Lebensbaum.

Im Laufe der Jahre wurde die Schwarzföhre für mich zu einem stummen Freund, wobei – ganz so stumm war sie nicht. Im Frühjahr, wenn das Leben nach dem Winter mit aller Kraft zurückdrängte, wenn der Waldboden übersät war mit gelben, weißen und violetten Blüten, wenn sich das erste saftige Grün mit den jungen Triebspitzen zeigte, dann waren es die Stimmen der Vögel, die davon erzählten, was sie hoch oben im Wipfel des Baumes vernommen hatten. Im Sommer, wenn ich im Schatten am Stamm vor der Hitze des Tages Zuflucht suchte, war es das Zirpen der Grillen, ein feines Surren in der Luft, ein Rauschen im Blätterdach rundum. Wenn der Herbst den Wald in feurigen Farben erstrahlen ließ, von leuchtendem Rot über Gelb bis Orange, vernahm ich die Botschaft mit dem kühlen Wind, der raschelnd so manche Blätter vor sich hertrieb. Selbst im Winter, wenn die bunten Farben verschwunden waren und nur noch das Graubraun der Stämme zwischen dem Schnee von der einstigen Pracht kündete, lehnte ich mich an meinen alten Freund an, lauschte seiner wortlosen Erzählung im Klirren der Eiskristalle, die an seinen dunklen Nadeln hingen.

Eines Tages traf ich meinen Lebensmensch. Das Leben hatte ihn gezeichnet, dennoch stand er voller Kraft vor mir. Unnachgiebigkeit hatte ihn so manch bittere Erfahrung machen und Ausdauer einige schwere Zeiten überstehen lassen. Die Jahre und viele Herausforderungen haben ihm zugesetzt. Ein Mensch wie das Leben, das war er, ein Mensch wie mein Leben – mein Lebensmensch.

Ab und an gehen wir gemeinsam in den Wald, besuchen die alte Schwarzföhre, die noch immer mächtig vor uns aufragt, ganz so, als würde das Dach des Himmels auf ihren Ästen ruhen und wir darunter Schutz finden. Längst schon versuche ich nicht mehr, einen dieser Augenblicke festzuhalten, sondern bin dankbar für jeden einzelnen, den ich erleben darf.

Und wenn das Leben meine Bitte erhört, dann werde ich noch viele Male meinen Lebensbaum besuchen – gemeinsam mit meinem Lebensmensch.

Manchmal ist es ein einzelner Gedanke, der von Sonnenaufgang bis Sonnenuntergang ein Lächeln in mein Gesicht zaubert. Heute ist es der Gedanke an Dich.

Des Lebens seltsame Wege

Das Leben geht oft seltsame Wege.

*Es lässt uns an Dinge glauben,
auf Menschen vertrauen,
wiegt uns in scheinbarem Glück und Sicherheit,
und kennt doch die Angst, all dies zu verlieren.*

*Es gibt Leid und Schmerzen,
lässt Welten zusammenstürzen wie Kartenhäuser,
beraubt uns jeglicher Zuversicht auf ein Morgen,
lässt uns verzweifeln.*

*Und es schenkt uns Hoffnung und Träume,
vertrauen auf ein Morgen, auf die Zeit danach,
träumen von dem, was kommen mag,
die Augen verschließen vor dem, was ist.*

Das Leben geht oft wundersame Wege.

*Es schenkt uns andere Menschen,
Freunde, die um uns sind.
Wesen, die uns verstehen,
an uns glauben, uns vertrauen,
Gefühle geben und Gefühle annehmen.*

*Es gibt uns Menschen, die uns nahestehen,
die wir sehr gut und sehr lange kennen,
und von denen wir glauben zu wissen,
wer und was sie für uns sind.*

*Und eines Tages lässt das Leben
uns die Augen schließen,
und wenn wir sie wieder öffnen,
erblicken wir in denselben Menschen
etwas völlig Neues,
das wir niemals zuvor erkannten.*

Wahrlich, das Leben geht seine eigenen Wege.

*Es gibt uns – und es verlangt von uns.
Was auch immer wir tun,
das Leben kennt die Antwort bevor wir fragen.*

*Was auch immer geschieht,
das Leben geht weiter bis ans Ende aller Tage.*

*Jedes Bemühen unsererseits,
es zu verstehen oder gar zu steuern,
hieße gegen den Strom zu schwimmen,
und fortgerissen zu werden.*

*Das Leben trägt die, die darauf vertrauen,
an ein sicheres Ufer,
nicht heute, nicht morgen – aber irgendwann,
und auf seltsamen Wegen.*

Ein Gedanke in der Ewigkeit

Vor meinem Fenster tänzeln Schneeflocken durch die Stille dieses Wintertags. Ich habe es mir auf meinem Sofa gemütlich gemacht. Eingehüllt in meine flauschige Lieblingsdecke, folge ich ihrem Tanz, wärme meine Hände an einer Tasse Tee, die wunderbar nach Zimt duftet mit einem Hauch Geborgenheit.

Um mich herrscht friedvolle Stille, während das Licht des Tages allmählich der Dämmerung weicht, die sich sanft über das Land legt. In der sich ausbreitenden Dunkelheit beginnen die Schneeflocken im Lichtschein der Straßenlaterne vor meinem Fenster magisch zu glitzern. Ich wünschte, du wärst hier bei mir und könntest diesen Augenblick mit mir teilen. Lächelnd schließe ich meine Augen, schicke meine Gedanken mit meinem Wunsch auf eine Reise über tausende von Meilen, quer durch die Ewigkeit, schicke sie mit einem tiefen Atemzug zu dir.

Die Zeit verliert an Bedeutung, und ich verliere mein Zeitgefühl. Irgendwann, als es draußen längst dunkel geworden ist, als nur noch vereinzelt glitzernde Schneeflocken in der Stille vor meinem Fenster schweben, öffne ich meine Augen, mein Blick fällt auf mein Handy, das stumm neben mir auf dem Sofa liegt.

Genau in diesem Augenblick erscheint dein Bild auf dem Display, noch bevor die Melodie des Klingeltons mir sagt, was ich längst schon weiß: nichts kann uns wirklich trennen, nicht tausende von Meilen, nicht die Ewigkeit.

Es mag wie Magie anmuten, oder wie ein Märchen klingen, doch ich habe es selbst viele Male in der Vergangenheit erlebt, dass meine Gedanken einen Menschen, den ich liebe, erreichen konnten, dieser mein Rufen fühlte und antwortete. Eine Verbindung zwischen Menschen, die keine Wissenschaft verbindlich erklären kann ...

Zum Glück, denn wie langweilig wäre unser Leben ohne ein wenig romantische Magie? Ohne Träume und Fantasie?

Gedanken

Gib deinen Gedanken Flügel,
lass sie wie Vögel in den Himmel steigen,
lass sie über Wälder und Wiesen streifen,
lass sie über Meere und Kontinente ziehen,
lass sie den Horizont überwinden,
lass sie reisen –
bis hin zu einem Menschen,
den du liebst,
und sag ihm:
„Ich bin bei dir."

Ein (un)glücklicher Zufall

Es war einmal eine junge Mutter, die mit ihrer Familie im ersten Stock auf der hintersten Stiege einer schon etwas renovierungsbedürftigen Wohnhausanlage wohnte. Unterhalb residierte – wohl schon seit Fertigstellung der Anlage – eine ältere und äußerst redselige Dame. Meistens beeilte sich die junge Mutter, durchs Stiegenhaus hindurch und an der Tür ihrer Nachbarin vorbei zu gelangen, ohne von ihr entdeckt zu werden. Sie hatte viel zu tun, schleppte häufig schwere Einkaufstaschen mit sich, ein kleines Kind an ihrer Hand – für ausgiebigen Nachbarschaftstratsch blieb ihr wenig Zeit. Nicht so an diesem Tag. Man könnte sagen, sie bummelte regelrecht über die grauen Betonstufen der Treppe, aus dem Augenwinkel die Tür der Nachbarin beobachtend, in der Hoffnung, diese würde sich öffnen.

Und tatsächlich geschah das Ersehnte. Als hätte sie die Gedanken der Mutter gehört, stand plötzlich die alte Nachbarin in der offenen Tür. Ein langes Leben mochte ihr Gesicht mit Falten gezeichnet haben, doch ihre Augen strahlten wie die eines jungen Mädchens, das der Welt mit Neugier und ausgebreiteten Armen begegnete. Ganz im Gegensatz zu der jungen Mutter, die mit gesenktem Kopf und sorgenvollem Blick durchs Treppenhaus geschlichen war. Die Alte erkannte sofort den Kummer, der wie ein unsichtbarer Rucksack voller Steine auf dem Rücken der Mutter lastete, und bat diese auf eine Tasse Tee zu sich.

Die Wohnung der Alten war ein Panoptikum ihres Lebens. Voller verstaubter Bücher, Krimskrams aus aller Herren Länder, Erinnerungen aus Jahrzehnten. Kaum eine horizontale Fläche war frei geblieben. Selbst das Sofa bot ernst nach einigen Handgriffen des Umräumens Platz, um sich darauf zu setzen. Bodenlange Vorhänge dämpften das wenige Licht, das an den dicht belaubten Bäumen vor dem Fenster vorbei von außen herandringen konnte. Obwohl all das die junge Mutter mehr an eine Höhle denn an ein Wohnzimmer erinnerte, verspürte sie an diesem Ort doch eine Art von Wohlbehagen und Geborgenheit. Vielleicht war es die Zuversicht, welche ihre alte Nachbarin verströmte, und die ihr selbst meistens fehlte.

Nachdem die junge Frau sich einen Sitzplatz auf dem Sofa mit dem dunkelgrünen Samtbezug geschaffen hatte, begann sie auch schon zu erzählen, von ihren Sorgen und allem, was sie in diesem Augenblick belastete. Beziehungsprobleme, Kindererziehung, Job, Gesundheit, Geld, Sicherheit … kaum ein Thema des Lebens blieb außen vor. Sie sprach lange, während die Alte aufmerksam ihren Worten lauschte, ab und an einen Ratschlag unterbreitete, auf welchen die junge Mutter unmittelbar erklärte, dass sie dies bereits versucht hatte und dabei gescheitert war. Schlussendlich stellte sie resignierend fest: *„Ich habe schon alles probiert, aber es ist zu viel für mich allein, und niemand ist bereit mir zu helfen. Ich weiß einfach nicht mehr weiter."*

Es war nicht zu übersehen, wie unglücklich sie mit ihrem Leben war. Die Alte seufzte tief, schüttelte ihren Kopf und meinte dann: *„Ich mache uns jetzt erstmal eine gute Tasse Tee."*

Sie ging Richtung Küche, setzte einen Kessel Wasser auf und kam dann zurück ins Wohnzimmer. Beiläufig begann sie, die Bücherstapel auf dem Wohnzimmertisch umzuschlichten und Platz für die Teetassen zu schaffen. Dabei landete ein Buch direkt im Blickfeld der jungen Mutter, das sofort ihre Aufmerksamkeit auf sich zog. Der Umschlag war schon etwas ausgeblichen und an den Kanten eingerissen, dennoch griff sie danach. Nachdenklich blätterte sie durch die Seiten. Der alten Nachbarin entging das natürlich nicht. Auch wenn sie mitunter schusselig wirkte, sie war äußerst gewieft, und dieses Buch vielleicht nicht ganz zufällig im Blickfeld ihres ratsuchenden Gastes gelandet. Als sie den nach exotischen Gewürzen duftenden Tee brachte, legte die junge Mutter das Buch wieder zur Seite.

Während die Alte ausführlich über die Besonderheit dieses Tees aus Zimt, Kardamom und etlichen anderen Zutaten sprach, sowie über seine sehr spezielle Zubereitung erzählte, blinzelte die junge Mutter immer wieder zu dem Buch, das neben ihr auf dem Sofa lag. Nach einer Weile wurde sie gefragt, ob sie das Buch gerne ausleihen und in Ruhe darin lesen möchte. Dieses Angebot nahm sie dankend an, und so kehrte sie an diesem Tag zwar nicht mit weniger Sorgen, aber mit einem Buch in der Hand in ihre Wohnung in den ersten Stock zurück.

An diesem Abend fand die junge Mutter etwas Zeit für sich, zog sich in eine ruhige Ecke zurück und begann, in dem Buch zu lesen. Bereits nach wenigen Seiten entdeckte sie ein zusammengefaltetes Stück Papier zwischen den Seiten. Die Neugier erfasste sie, und so öffnete sie den Zettel. Auf dem etwas vergilbten, karierten Blatt stand in altmodischer Handschrift und königsblauer Tinte:

„An diesem Tag änderte sich alles. Ich hatte den Schlüssel zum Glück gefunden. Es war gar nicht so schwer, wie ich immer geglaubt hatte, aber auch ganz anders, als ich vermutet hatte. Hätte ich das schon früher gewusst, was hätte ich alles anders gemacht. An diesem Tag begann mein neues Leben, mein glückliches Leben. Alles, was ich brauche, um glücklich zu sein, ist"

An dieser Stelle endete der Text unten rechts auf der Seite. Hastig drehte sie das Blatt um, doch die Rückseite war leer. Zwischen den Buchseiten fand sie auch keinen weiteren Zettel. Gebannt starrte sie auf die wenigen Worte, die genau das versprachen, was sie so verzweifelt suchte, und nicht verrieten, wie es zu erreichen war. Wo war bloß die fehlende Information? Die musste sie haben, unbedingt!

Aufgewühlt von den zufällig gefundenen Worten kam sie in dieser Nacht nicht zur Ruhe. War das möglich? Gab es einen Schlüssel zum Glück? Wie gerne wäre sie wieder glücklich in ihrem Leben. Sie musste herausfinden, was es damit auf sich hatte – so rasch als möglich. Am liebsten sofort, doch es war mitten in der Nacht. Bis zum nächsten Morgen würde sie sich also gedulden müssen.

Tags darauf klopfte sie aus freien Stücken an der Tür ihrer Nachbarin, erzählte von dem Fund, und dass sie mehr darüber wissen wollte. Die Alte lächelte, schilderte einige unwesentliche Details, wie sie in den Besitz des Buches gekommen war und wie es zu der Botschaft auf dem Zettel kam. Es schien, als wollte sie das Geheimnis nicht verraten. Also drängte die junge Mutter: *„Bitte, ich muss es wissen."*

„Nun, du musst einfach den Satz ergänzen", antwortete sie schließlich, *„Alles, was ich brauche, um glücklich zu sein, ist ... ergänze diesen Satz. Schreib auf, was du brauchst, damit du glücklich wirst."*

Stirnrunzelnd warf sie ihrer alten Nachbarin einen skeptischen Blick zu. DAS war alles? Mehr brauchte es nicht? Ihre Zweifel waren offensichtlich, denn die Alte fügte hinzu:

„Wenn du das getan hast, bring mir den Zettel und ich erkläre dir den Rest."

Die junge Mutter kehrte wiederum in ihre Wohnung zurück, nahm ein Blatt Papier zur Hand und begann zu schreiben. Anfangs wollten sich keine Worte finden, doch je länger sie daran saß, umso zügiger ging es voran. Zeile um Zeile füllte sich mit all ihren Wünschen, die erfüllt sein mussten, damit sie endlich wieder glücklich sein konnte. Bald schon reichte ein Blatt nicht aus, ein zweites folgte und noch eines.

Schließlich stand sie mit acht dicht beschriebenen Seiten in ihrer Hand vor der Tür ihrer Nachbarin. Diese bat sie erneut zu sich ins Wohnzimmer, servierte eine Tasse nach Zimt duftenden Tee und widmete sich den Notizen. Bereits nach wenigen Augenblicken ergriff sie einen Leuchtstift und markierte einzelne Passagen. Verwundert, aber schweigend verfolgte die junge Mutter das Geschehen. Sie wartete gebannt, bis die Alte die Zettel fein säuberlich nebeneinander auf den Tisch legte. Deutlich sichtbar war eine Vielzahl an breiten Markierungsstreifen in Pink.

„Das ist all das, was für dein Glück NICHT verantwortlich ist", sagte sie nüchtern und nippte an ihrer Teetasse. Die junge Mutter ergriff die Zettel und starrte auf Pink, sehr viel Pink, viel zu viel Pink nach ihrem Empfinden. Offensichtlich verwirrt zuckte sie mit den Schultern, schüttelte den Kopf

und ihr Blick war ein unausgesprochener Wunsch nach Erklärung dieser Markierungen.

"Ich habe all das rausgestrichen, wo du von anderen etwas erwartest, wo jemand anders etwas tun soll oder sich ändern soll, damit du glücklich wirst. So funktioniert das nicht. Dein Glück kann und darf nicht davon abhängig sein, was jemand anders ist oder tut. Du darfst niemanden außer dir selbst die Verantwortung dafür geben. Außerdem habe ich all das rausgestrichen, wo du erklärst, was fehlt und was nicht sein soll, denn machst du dein Glück von etwas abhängig, das du erst bekommen musst oder wieder verlieren kannst, wird es stets wankelmütig sein."

Einen Augenblick lang herrschte vollkommene Stille, dann sagte die Junge mit ratlosem Tonfall in ihrer Stimme: *"Aber was soll ich dann aufschreiben?"*

Die Alte lächelte und erwiderte: *"Schreib das auf, was du selbst dafür tun kannst, was sein soll und was bereits da ist."*

Nach einer kurzen Pause folgte ein zweifelnder Einwand der Mutter: *"Aber wenn so viele Punkte wegfallen, dann werde ich auch weniger glücklich werden am Ende, als wenn alle erfüllt sind."*

Auf diesen Kommentar hin begann die ältere Dame herzlich zu lachen und verschüttete dabei etwas Tee. Den verständnislosen Blick ihres Gastes quittierte sie mit einer pragmatischen Aussage: *"Mit dem Glück ist das wie mit einer Schwangerschaft. Entweder bist du schwanger oder nicht. Es gibt kein mehr oder weniger schwanger. Zufriedenheit kann variieren, aber Glück nicht. Entweder bist du glücklich oder du bist es nicht."*

"Aber darf ich denn überhaupt glücklich sein? Ich meine, gerade gibt's viele Schwierigkeiten rundum, Probleme sind zu lösen. Ich kann doch nicht so tun, als wäre das alles unwichtig?" hakte die junge Mutter ein, deren Gedanken zurück drifteten in ihre Kindheit, in der auch immer irgendetwas da war, das sie bedrückte.

"Du sollst keinesfalls die Realität ignorieren. Die ist, wie sie ist. Denkst du, die Probleme lassen sich leichter lösen, wenn du unglücklich bist?"

Sie sagte es zwar nicht, aber in diesem Augenblick erinnerte sich die junge Mutter an ihre häufig getätigte Aussage, dass zuerst dies oder jenes Problem verschwunden sein müsste, damit sie zur Ruhe kommen konnte. Wäre es möglich, nicht alles gemeistert zu haben UND trotzdem glücklich zu sein? Glücklich sein zu dürfen? Die Kühnheit dieser Gedanken ließ ihr junges Herz schneller schlagen, doch ihr kritischer Verstand wehrte sich dagegen, denn es widersprach all dem, was sie in der Vergangenheit gelernt hatte. Daher setzte sie erneut zu einem Einwand an: *"Aber ..."*

"Kein aber mehr! Mach es einfach und komm mit dem Ergebnis wieder."

Am zweiten Abend zog sich die junge Mutter erneut zurück in die ruhige Ecke, nur diesmal wollten sich die Worte noch zäher finden als beim ersten Mal. Was sie selbst tun konnte? Das war gar nicht so einfach zu erkennen. Viel leichter fiel es ihr zu erläutern, was die anderen für sie tun sollten und was sie in ihrem Alltag vermisste. Was bereits da war? Gewiss, es gab so einiges in ihrem Leben, das sie als selbstverständlich hinnahm und nicht auf die Idee kam, dass dies ein Teil ihres Glücks sein konnte. Über all das Fehlende zu klagen brachte ihre Worte zum Sprudeln. Das Bestehende anzuerkennen und das Mögliche zu benennen waren schlichtweg ungewohnt. Erst nach und nach fügte sich Zeile um Zeile auf das Blatt Papier. Kurz vor Mitternacht waren es dann doch mehr als drei Seiten geworden.

Müde fiel die junge Frau ins Bett. In dieser Nacht geschah etwas, unbemerkt, während sie schlief. Als sie am nächsten Morgen erwachte, fühlte sie eine unerklärliche Ruhe in sich. Nachdem sie ihre Familie versorgt hatte, stand sie mit ihren Zetteln vor der Tür der Nachbarin und zögerte, anzuklopfen. Schließlich tat sie es doch und saß kurze Zeit später erneut auf dem dunkelgrünen Sofa in dem schummrigen Wohnzimmer, während die Alte die Zeilen las, ab und zu anerkennend nickte und schmunzelte. Am Ende angekommen, richtete sie eine Frage an ihren Gast: *„Und wie fühlst du dich jetzt?"*

Die junge Frau antwortete nicht, sie lächelte nur – und das sagte mehr als tausend Worte. An diesem Morgen strahlten ihre Augen vor Lebendigkeit, obwohl sie wenig geschlafen hatte. Ihr Gesicht spiegelte Zufriedenheit, ihr Körper Gelassenheit. Sie wirkte insgesamt … glücklich?

„Deine Conclusio gefällt mir besonders: Alles, was ich brauche, um glücklich zu sein, ist bereits da, in diesem Augenblick, hier und jetzt. Alles, was ich brauche, um glücklich zu sein, bin ich selbst. Es braucht keinen Grund, ich bin es einfach."

Von diesem Tag an änderte sich nicht sofort das Leben der jungen Mutter, aber sie übernahm die Verantwortung für ihr Glück. Das bemerkten bald die Menschen in ihrem Umfeld, die wiederum anders auf sie reagierten. Ehe sie es sich versah, hatte sich vieles verändert, darunter auch einiges von dem, was sie zuvor als Bedingung für ihr Glück angesehen hatte. All dies geschah aufgrund ihres Entschlusses, glücklich zu sein – grundlos!

War es ein glücklicher Zufall, dass sie im tiefsten Unglück hinter jener Tür der Nachbarin Rat suchte? Dass ein paar gekritzelte Worte auf einem ausgeblichenen Zettel den Weg wiesen? Oder ein Unglück, dass sie so lange auf Umwegen etwas suchte, das längst schon da war? Was ist Unglück? Was ist Glück? Erschaffen wir nicht beides selbst durch die Art und Weise, wie wir auf unser Leben blicken, und was wir uns selbst zugestehen?

Was bedeutet Zeit?

*Was bedeutet Zeit,
wenn meine Gedanken bei dir sind?*

*Was bedeutet Zeit,
wenn mein Herz in deinem schlägt?*

*Was bedeutet Gegenwart
denn mehr als ein Warten auf die Zukunft?*

*Was bedeuten Ereignisse,
die ohne dich geschehen?*

*Was bedeutet Leben,
wenn es vorüberzieht wie ein langer ruhiger Fluss,
wie ein Blatt im Wind ohne Weg und Ziel,
ein endlos anmutendes Warten?*

Was bedeutet Leben ohne dich?

*Hoffnung –
weil ich weiß, es gibt dich?*

*Freude –
weil ich fühle, es geht dir gut?*

*Glück –
weil ich hoffen kann,
dich irgendwann wiederzusehen?*

*Mag die Zukunft noch ein Traum,
und die Vergangenheit verblassende Erinnerung sein,
mag die Gegenwart uns auch trennen,
Liebe überwindet Raum und Zeit –
und manchmal auch die Ewigkeit!*

Ein rätselhafter Regentag

Die Welt draußen vor dem Fenster hatte sich entschlossen, jeglichen Staub von ihrer Oberfläche hinweg zu spülen. Es regnete ohne Unterlass, schon seit Tagen. Ungezähmt prasselten die Tropfen auf das dichte Laub der Birken vor unserem Fenster, dann weiter auf das darunterliegende Schindeldach des kleinen Gartenhäuschens, um sich in der Regenrinne zu sammeln und schließlich als plätschernder Miniaturwasserfall auf den Steinen im Auffangbecken zu landen.

Schweigend verfolgte ich das Geschehen. Vielleicht schon seit Stunden? Keine Ahnung. Irgendwie war meine Wahrnehmung aus der Zeit gefallen. Mein Rücken lehnte an der Seitenwand des Kachelofens, dessen Wärme durch meinen ganzen Körper zu fließen schien, bis weit unter die alte, bunte Patchwork-Decke meiner Großmutter, die ich so sehr liebte, und die ich über meine Beine gelegt hatte – und auf der nun auch ein Teil von dir ruhte. Du hattest es dir neben mir auf der Kaminbank bequem gemacht. Dein Körper lag an meinen angeschmiegt.

Draußen der Regen, hier drinnen wir. Nichts anderes existierte mehr an diesem Nachmittag. Wir waren einfach da, verweilten im Augenblick. Keine Gedanken, keine Hektik, nichts zu tun –

außer dem Regen zu lauschen, und deinem Atem, dem Rhythmus des Lebens, das dich und mich durchströmte. Ich konnte die Wärme spüren, die dein Körper ausstrahlte. Wenn ich meine Augen schloss, meine Sinne völlig auf dich ausrichtete, fühlte ich deinen Herzschlag – das Leben in dir.

Vielleicht drehte sich die Welt da draußen weiter – hier drinnen war sie definitiv zum Stillstand gekommen in der Zeitlosigkeit eines verregneten Nachmittags. Auf ewig hätte ich in diesem Augenblick verharren können. In dem Frieden, der uns umgab. In der Harmonie, die uns verband. In der Geborgenheit eines vollkommenen Moments.

Du warst ruhig, schienst zu schlafen, angelehnt an die warmen Kacheln und an mich, voller Vertrauen in den Augenblick. Verschwunden war all jenes, das uns zuvor Kummer bereitet hatte, all die Sorgen und Ängste, versunken im Dunkel verblassender Erinnerungen, weggewaschen durch den Regen, der dabei war, die Welt da draußen zu verwandeln. Irgendwann würde es aufhören zu regnen. Der Wind würde die Wolken vom Himmel vertreiben und die Sonne mit all ihrer Kraft würde die Farben der Welt neu erstrahlen lassen.

Deine Augen waren geschlossen, doch mein Blick ruhte auf dir, wich nur selten ab um kurz in die Welt vor dem Fenster zu blicken, dem unablässigen Muster aus Tropfen folgend, die zuerst auf die Blätter der Bäume, dann auf das Dach fielen, und weiter ihrer vorbestimmten Reise folgten, dem unaufhörlichen Lauf der Dinge.

War auch unsere gemeinsame Reise vorherbestimmt? Wohin würde sie uns führen? Wie lange würde sie andauern? Fragen, die da waren in meinem Denken – und auch nicht. Belanglos in diesem Augenblick inniger Verbundenheit, denn die nicht zu erklärende, gefühlte Gewissheit in meinem Herzen war Antwort genug.

Leben im Augenblick. In einem Atemzug. Einem Herzschlag. Hier und jetzt.

Es war alles in Ordnung, in bester Ordnung. Jeder Zweifel daran war wie einer jener Regentropfen, die zuerst auf das Blätterdach der Bäume fielen, dann weiter auf unser kleines Gartenhäuschen und weiter … immer weiter dem unaufhaltbaren Strom folgten.

Ich verharrte in Ruhe und Gelassenheit, mit dir, angelehnt an einen wohlig warmen Kachelofen, an einem regnerischen Nachmittag.

Und das Rätsel, das es zu lösen gilt, ist die Frage, wer wohl mit mir auf dieser Kaminbank verweilte: Ein vierbeiniger Freund? Ein schurrender Schmusetiger? Mein Kind? Die Liebe meines Lebens? Wer weiß…

Geborgen im Licht

*Deine Berührung war wie Licht auf meiner Haut,
nicht greifbar,
aber umso intensiver spürbar,
wie ein Feuer ohne Flammen,
das sich allmählich
über meinen ganzen Körper ausbreitete,
etwas Sanftes,
ein Hauch von Wärme und Geborgenheit.*

*Die Bewegung unserer Körper wurde zu einem Spiel
von Licht und Schatten,
von Berührung und Distanz,
es war wie das Ineinanderfließen
vom Licht zweier Flammen,
keine Konturen, keine Grenzen, keine Körper,
nur zwei Seelen, die miteinander verschmolzen,
zu einem Licht, einem Gefühl, einem Sein.*

*Eingehüllt in Wärme und Licht,
in das Feuer ohne Flammen,
schienen unsere Körper sich aufzulösen,
schien die Zeit stehen geblieben zu sein,
nur eine Berührung, ein Gefühl,
nicht greifbar,
im Ausmaß nur zu erahnen,
hielt uns fest miteinander verbunden,
schenkte uns für einen kurzen Augenblick
das Gewahrsein von Ewigkeit
und Harmonie.*

Das Mädchen und der Löwe

Es war einmal ein kleines Mädchen, das in einem namenslosen Dorf am Rande der Welt lebte. Genau genommen war es eher eine Frau im mittleren Alter, die schon so einiges erlebt hatte. Die Spuren dieses Lebens waren in ihrem Gesicht erkennbar. Manch dunkle Flecke zeigten sich auf ihrer Seele und so manche Narbe auf ihrem Herzen. Doch ein Teil von ihr war im Fühlen noch immer ein kleines Mädchen, voller Neugier auf das Leben und in ihrem Herzen den Wunsch tragend, den Menschen zu vertrauen, voller Leichtigkeit und Lebensfreude. Die Menschen rundum verstanden dies allerdings nicht, hielten es für Leichtsinn und warnten das Mädchen immer und immer wieder, nie zu vertrauen, immer zu zweifeln, denn die Welt da draußen wäre böse und voller Gefahren.

Eines Tages brach das Mädchen zu einer langen Reise auf. Sie ging allein hinaus in die weite Welt. Ihr Weg führte sie über Berge und durch Täler, weit weg von allem, was sie kannte. Nach einiger Zeit bemerkte sie, dass ein Löwe sie in einiger Entfernung begleitete. Unruhe überkam sie. Ein Löwe? Welche Gefahr wohl von ihm ausging? Skeptisch beobachtete sie ihn und stellte fest, dass er sich langsam näherte. Meile für Meile schrumpfte der Abstand zwischen den beiden.

Die Nacht brach herein. Hektisch überlegte das Mädchen, was sie tun könnte, um sich vor der ihr noch unbekannten, aber offensichtlichen Gefahr zu schützen. Also versteckte sie sich unterhalb einer Dornenhecke und hoffte, die spitzen Dornen würden den Löwen abschrecken. Dieser näherte sich ihrem Versteck, als würde er die Dornen nicht sehen, bis er die schmerzhaften Stiche spürte und zurückwich. Das Mädchen wähnte sich in Sicherheit, doch als sie aufblickte, sah sie in den Augen des Löwen etwas, das sie nicht erwartet hatte: nicht Schmerz, nicht Wut - es war Einsamkeit. Die ganze Nacht über lag sie wach unter der Dornenhecke und fragte sich, ob sie dem Löwen Unrecht getan hatte. Dieser wartete in einiger Entfernung einsam im Dunkel der Nacht. Warum auch immer, das Gefühl ließ sie nicht los, dass dieser Löwe keine Gefahr für sie war, egal, wie bedrohlich er wirkten mochte und egal, was die Stimmen in ihrem Kopf sagten, die Stimmen jener aus ihrem Dorf, die ihre Gutgläubigkeit immer mit Dummheit gleichsetzten und alles taten, um Angst und Misstrauen in ihr Herz zu bringen. War es klug, jedem Fremden mit Furcht zu begegnen? Oder dumm, einen Freund nicht zu erkennen, weil es an Vertrauen fehlte?

Als der Morgen graute, kroch das Mädchen unter der Dornenhecke hervor und setzte seinen Weg fort. Auch der Löwe trabte wieder los. Im Laufe des Tages verringerte sich der Abstand zwischen ihnen. Mal machte das Mädchen vorsichtig einen Schritt auf den Löwen zu, mal der Löwe einen Schritt auf das Mädchen. Als die Dämmerung sich über das Land herabsenkte, waren sie nur noch einen Schritt voneinander entfernt. Die Kälte und Einsamkeit der Nacht erfassten das Mädchen. Sie blickte in das Gesicht des Löwen, in seine dunklen Augen, und fand nichts, dass sie fürchten wollte in diesem Augenblick. So ging sie einen letzten Schritt auf ihn zu, lehnte sich gegen seine dichte Mähne und legte ihre Arme um den Hals des Löwen, der sich langsam zur Seite rollte und sie fand unter seinen mächtigen Pfoten Schutz für diese und für viele weitere Nächte, denn von nun an setzten sie die Reise gemeinsam fort.

Und wenn sie nicht gestorben sind … dann wandern sie auch heute noch durch die weite Welt, schicken Nachrichten durch die Nacht und warten auf den Tag, an dem nicht mehr tausende von Meilen sie trennen werden, sondern vielleicht nur noch ein Schritt.

Wie in jedem Märchen, liegt auch in dieser Geschichte ein Körnchen Wahrheit verborgen. Manchmal entsteht Freundschaft und Vertrauen scheinbar aus dem Nichts, wo wir es nie erwarten würden und zu einem Zeitpunkt, der denkbar ungeeignet dafür scheint. Umso mehr sollten wir dankbar dafür sein, dass es geschieht.

Zwei alte Esel

*Manchmal erscheint mir das Leben wie ein Karren,
der von zwei alten Eseln gezogen wird,
und wenn einer unter der Last
zusammenbrechen möchte,
ist der andere da, um ihn zu stärken.*

*Manchmal erscheint mir das Leben
wie ein Ruderboot,
und zwei alte Esel tauchen Schlag um Schlag die Ruder
ins Wasser um es voranzubringen,
und wenn nur einer aufhört,
dreht das Boot sich im Kreis.*

*Manchmal erscheint mir das Leben
wie eine staubige Landstraße,
auf der zwei alte Esel langsam dahintraben,
und wenn einer stehen bleibt,
treibt der andere ihn voran,
denn der heimatliche Stall ist noch so fern.*

*Manchmal scheint mir Leben wie ein Rätsel,
welches nicht gelöst werden will,
denn jede Antwort bringt eine neue Frage mit sich –
nur eines ist gewiss,
zwei alte Esel, die den Weg nicht kennen,
werden ihn auch niemals verlieren.*

Im Hier und Jetzt

Auf der Heimfahrt gestern Abend überlegte ich intensiv, welchen Gedanken ich von diesem Tag mitnehmen wollte. Es hatte sich so gar nichts Tiefgreifendes zugetragen.

Als ich so darüber sinnierte, wie verrückt meine Challenge im Grunde war, ein ganzes Jahr lang täglich einen philosophischen Gedanken in die Welt zu setzen, da fiel mein Blick auf die Hügel vor mir, hinter denen gerade die Sonne versank. Das Blau des Himmels hatte diese dunkle Färbung angenommen, kurz bevor das Abendrot sich zeigen würde. In diesem Augenblick fächerten sich über dem pyramidenförmigen großen Hügel direkt vor mir einzelne Sonnenstrahlen auf, ähnlich wie der Strahlenkranz am Kopf der Freiheitsstatue in New York, und jeder dieser Strahlen schien auf magische Weise zu leuchten.

Einen kurzen Augenblick dachte ich darüber nach, stehen zu bleiben, ein Foto zu machen, doch das Schauspiel hatte nicht vor zu verweilen und auf mich zu warten – es zog einfach vorüber …

… und ich verstand, was das Leben mir sagen wollte: manchmal kommt es nicht auf einen Gedanken an, und schon gar nicht darauf, den Augenblick irgendwie festzuhalten, sondern einfach in diesem Augenblick zu leben.

Oder wie ich es Jana formulieren ließ: „Nicht denken, nicht reden, nichts mehr, nur leben in dem einen Atemzug, dem einen Herzschlag, den mein Bewusstsein erfassen und halten konnte."

Das ist es, was ich unter „Leben im Hier und Jetzt" verstehe.

… in diesem Sinne: komm zur Ruhe, in diesem Augenblick, hier und jetzt, kein Ziel verfolgen, keinen Plan, keine Absicht, einfach nur im Sein verweilen, das Leben fühlen, wie es mit jedem Atemzug durch Deinen Körper strömt, mit jedem Herzschlag Dich daran erinnert, dass Du lebst – und das Leben Dich umarmt, auch wenn es Dir vielleicht nicht immer bewusst ist.

Lass Dich für einen Augenblick lang in diese Ruhe fallen – und in die Umarmung des Lebens.

Memories of Green

*Ich erinnere mich an ein Lied,
eine Melodie,
eine Nacht.*

*Ich erinnere mich an einen Blick,
ein Lachen,
eine Berührung.*

*Ich erinnere mich an Wärme,
an Zärtlichkeit,
an Geborgenheit.*

*Ich erinnere mich an Licht,
an sanftes, warmes Licht,
und an zwei Körper, zwei Seelen,
die in dieses Licht gingen …
und fielen …
und fielen …
und immer tiefer fielen,
sich auflösten,
verschmolzen.*

*Ich erinnere mich an ein Gefühl,
eine Empfindung,
intensiver, klarer und stärker
als alles andere davor.*

*Ich erinnere mich an Bilder,
und Träume,
an Farben,
an Licht.*

Ich erinnere mich an Worte,
und einen Gedanken,
an Stille.

Ich erinnere mich an eine Bewegung,
die zwei Körper, zwei Seelen erfasst,
und mit sich fortträgt,
weit, weit weg,
in ein Land,
das keine Zeit kennt,
keinen Anfang und kein Ende.

Ich erinnere mich an Ruhe,
an Zufriedenheit
und Glück.

Ich erinnere mich an alles,
und nichts,
und an dich.

Ich erinnere mich an deine Stimme,
deine Augen,
und deine Wärme.

Und ich erinnere mich an Liebe.

Dieses Gedicht schrieb ich 1996 zur gleichnamigen Musik von Vangelis aus dem Album *Blade Runner*, als ich für kurze Zeit eine intensive Phase des positiven Fühlens erlebte und zu ahnen begann, was in mir verborgen schlummerte.

Der Drache und die holde Maid

JAN/A einmal anders erzählt

Es war einmal ein junges Mädchen, eine holde Maid. Sie lebte geborgen im Kreis ihrer Familie, kannte weder Sorgen noch Ängste, tänzelte verspielt über die Pfade des Lebens, stets neugierig, was es wohl an wunderbaren Dingen hinter einer verschlossenen Tür zu entdecken gab. Diese Neugierde war es auch, die sie eines Tages auf einen Berg steigen ließ, um darüber hinaus auf einen ihr noch unbekannten, fernen Horizont zu blicken. Doch an diesem Tag war ihr das Glück nicht hold. War es ihre mangelnde Achtsamkeit oder ihre Bestimmung – wer weiß? Die holde Maid kam zu Sturz, fiel tiefer und tiefer, verlor das Bewusstsein. Als sie wieder zu sich kam, herrschte rund um sie undurchdringliche Dunkelheit und eine gespenstische Stille, durchbrochen nur vom hektischen Schlag ihres jungen Herzens, der als Echo in ihrem Kopf und von den nur zu erahnenden Wänden rund um sie widerhallte. Sie war allein inmitten der Dunkelheit. Verloren im Nichts. Angst erfasste ihre Seele und ihr Herz.

Allmählich gewöhnten sich ihre Augen an die Dunkelheit, in der sie nun einige Umrisse wahrnehmen konnte. Und sie erschrak. Vor ihr bewegte sich etwas – oder jemand. Freund oder Feind? Alles war ungewiss in diesem Augenblick. Mit äußerster Vorsicht näherte sie sich dem Unbekannten und hielt unmittelbar inne, als sich vor ihr zwei glühende Augen öffneten und sich ein stechender Blick auf sie heftete. Mit einem Mal erkannte die holde Maid, mit wem sie es zu tun hatte. Vor ihr saß eine furchterregende Gestalt: ein Drache! Schuppig war sein Panzer, messerscharf seine Krallen, feurig sein Atem und bedrohlich sein Blick. Angsterfüllt wich sie ein paar Schritte zurück, doch der Drache verharrte auf seinem Platz, schweigend, tatenlos, nur sein Blick haftete unaufhörlich auf dem Mädchen.

Die Zeit verging. Die holde Maid schien gefangen in der Höhle des Drachen, der sie mit Nahrung und Wasser versorgte, ihr kein einziges Haar krümmte, sie aber auch nicht aus den Augen ließ. Auch wenn bislang keine Gefahr von ihm ausgegangen war, wollte das Mädchen nicht an diesem Ort verweilen und überlegte hin und her, wie ihr wohl die Flucht gelingen könnte. Sie verabscheute es die Gefangene dieses Wesens zu sein, dem sie eine üble Gesinnung unterstellte und keinen Hehl aus ihrer Abscheu machte.

Eines Tages, als der Drache schlief, schlich sie an ihm vorbei, denn sie vermutete den Eingang zu dieser Höhle hinter ihm. Und tatsächlich, nachdem sie einige Minuten gelaufen war, konnte sie vor sich ein helles Licht erkennen. Wenige Schritte später fand sie sich auf einer lichtdurchfluteten Waldlichtung wieder, die sich vor einer steil aufragenden grauen Felswand ausbreitete. Sie war endlich frei und ihre Flucht geglückt.

Schon nach kurzer Zeit erreichte sie eine Wegkreuzung, die sie kannte und folgte dem vertrauten Pfad bis zurück in ihr Heimatdorf. Ihr Herz jubelte vor Glück, als sie ihre Familie nach langer Zeit wieder in ihre Arme schließen konnte.

Doch schon bald wurde dieses Glück getrübt. Die Menschen begegneten ihr nicht mehr auf dieselbe Weise wie vor ihrem Sturz in die Dunkelheit. Ihre Blicke waren anders und auch ihre Worte. Etwas an ihr schien deren Misstrauen zu erwecken. Aber auch die holde Maid hatte sich verändert. Jene erdrückende Angst, die sie stets in der Höhle gefühlt hatte, verschwand nicht, obwohl sie nach Hause zurückgekehrt war – sie blieb in ihrem Herzen und in ihrer Seele. Wenige Tage nach ihrer Rückkehr erkannte sie den Grund dafür: Der Schatten des Drachen hatten sich über sie gelegt und folgte ihr überall hin. Die Menschen fürchteten diesen Schatten, denn der Drache vermochte jederzeit aus diesem magischen Schatten heraus in ihre Welt zu treten. Mit ihm kamen Wut und Zerstörung.

Das Leben der holden Maid veränderte sich. Wo einst Leichtigkeit und Lebensfreude sie auf ihren Wegen begleiteten, waren es nun Ängste und Zweifel, manchmal auch Wut und Zorn, oder unsäglicher Schmerz und Leiden, die sie umgaben. Und immer öfter auch Verzweiflung, weil all dies so unverständlich war für ihr unschuldiges Herz, das stets nur eines suchte: Liebe. Doch nun hörte es mehr böse Worte und Unverständnis, als es zu ertragen vermochte. Das Leben inmitten der Menschen, die sie einst geliebt hatte, wurde mehr und mehr unerträglich für die holde Maid. Es schien, als gäbe es nur einen Ort, an dem ihr zu leben bestimmt war – und so kehrte sie nach vielen Jahren mit gesenktem Haupt zurück in die Höhle des Drachen, brachte all das Leid und den Schmerz, den sie von dort einst hinaus in ihre Welt getragen hatte, wieder mit sich zurück zu jenem, dem sie die Schuld dafür gab.

Der Drache wartete bereits auf sie. Schweigend ließ er sie den Eingang passieren, nur sein Blick haftete auf der holden Maid, als sie in sein Reich zurückkehrte. Wiederum verging Tag um Tag. Hier, in der Dunkelheit der Höhle des Drachen, richtete er keinen Schaden an, doch war dies kein Leben, das die holde Maid auf Dauer führen wollte. Verzweifelt suchte sie nach einem Ausweg. Sie wusste, würde sie erneut die Höhle verlassen, würde der Schatten des Drachen, und damit auch er selbst, ihr folgen. Schließlich gelangte sie zu der Überzeugung, dass es nur einen Weg für sie gab: sie musste den Drachen vernichten!

Viele Wochen beobachtete sie dieses eigentümliche Wesen, das weder zu ihr sprach noch auf andere Weise mit ihr kommunizierte – außer mit seinem Blick. Freund oder Feind? Noch immer vermochte sie diese Frage nicht zu beantworten, doch sie erkannte eine Schwachstelle: in seinem dicken Panzer fehlten einige Schuppen an jener Stelle, an der sie sein Herz vermutete. Ein gezielter Dolchstoß könnte sein Leben beenden, so ihre Hoffnung, und ihr die ersehnte Freiheit von seinem Schatten schenken. Und so schmiedete sie einen Plan.

Eines Tages, als der Drache wieder schlief, schlich sich die holde Maid ganz nah an ihn heran, näher als je zuvor. Hinter ihrem Rücken verbarg sie einen hölzernen Stock, den sie tief im Inneren der Höhle gefunden und zugespitzt hatte um ihn wie einen Dolch gegen ihren Wächter zu richten. Angst erfasste ihr Herz, als sie nur noch eine Armlänge vom Körper des Drachen trennte. Der schuppige Panzer wirkte im Halbdunkel der Höhle nun noch bedrohlicher auf sie als zuvor aus der Entfernung. Rissige Platten aus Horn überzogen seinen ganzen Leib, besetzt mit spitzen Stacheln, voller Kerben und … die holde Maid erstarrte. Gebannt verharrte ihr Blick auf zwei dunklen Hornplatten des Panzers, zwischen denen ein dicker Stachel im Fleisch des Drachen zu stecken schien. Dieser Stachel wäre vermutlich eine bessere Waffe als ihr Stock, überlegte sie bei sich, und entschloss sich, diesen für sich zu nutzen. Vorsichtig legte sie ihre Finger um den Stachel um ihn herauszuziehen, doch im nächsten Moment zuckte sie zurück, denn plötzlich hörte sie Worte in ihrem

Geist, die jedoch sofort verstummten, als sie den Stachel wieder losließ. Zögerlich versuchte sie es erneut. Wieder hörte sie diese Worte – Worte, die sie kannte. Sie hatte sie schon einmal gehört, konnte sich genau erinnern, wann und wo, wer damals zu ihr gesprochen hatte, und obgleich diese Worte verletzend für sie waren, schien sie damals von ihnen unberührt, als wären sie an ihr abgeprallt … oder im Panzer des Drachen stecken geblieben, der ihr gefolgt war. Die holde Maid hielt den Atem an. Was, wenn der Drache und sein Schatten etwas ganz anderes waren, als sie bislang vermutet hatte? Was, wenn …

Ihre Gedanken überschlugen sich, ihr Herz raste vor Aufregung, als sie mit zittrigen Fingern den Stachel aus dem Panzer des Drachen zog. Dieser öffnete seine Augen, sah sie an, anders, als er es jemals zuvor getan hatte. Ganz so, als wüsste er, dass die holde Maid nun etwas in Händen hielt, das ihn verletzen, vielleicht sogar töten konnte. Sie verharrte – und der Drache schloss seine Augen wieder während er sein Haupt zur Seite legte. In den folgenden Minuten zog die holde Maid Stachel um Stachel aus dem Panzer des Drachen, hörte all jene Worte wieder, die sie einst nicht berühren konnten und fühlte, wovor er sie beschützt hatte. Es waren viele Worte, unsägliche Schmerzen und unzählige Tränen, die ihre Augen füllten in dem Wissen, was jener für sie erlitten hatte, dem sie mit so viel Argwohn und Ablehnung begegnet war.

Schließlich war das Werk getan und alle Stacheln entfernt. Einen letzten hielt sie noch in ihren Händen, als die holde Maid auf jene Stelle im Panzer des Drachen blickte, an der einige Platten fehlten. Nur eine dünne Hautschicht bedeckte, was darunter schlug und ihn am Leben hielt: sein Herz. Es hätte nicht viel gebraucht, nur eine rasche Bewegung, um ihre Gefangenschaft zu beenden, doch sie zögerte. War sie denn seine Gefangene? Oder er ihr Beschützer?

Mit einem tiefen Seufzer ließ die holde Maid den Stachel aus ihrer Hand gleiten und legte diese vorsichtig auf jene Stelle, die als einzige verwundbar schien an diesem Wesen, das sie nicht verstehen konnte, aber zu dem sie eine tiefe Verbundenheit fühlte in diesem Augenblick.

Als sie den Drachen berührte, erhellte ein Lichtblitz die Höhle und blendete die holde Maid, die daraufhin ihre Augen schloss. Ehe sie noch einen Gedanken fassen konnte, fühlte sie eine Hand, die ihre eigene ergriff. Vorsichtig blinzelte sie ein wenig und staunte, denn die Dunkelheit war verschwunden. Die Höhle erstrahlte in einem fast überirdischen Licht. Unzählige Kristalle funkelten an den schimmernden Wänden, gleich den Myriaden von Sternen am Nachthimmel. Dies war kein dunkler Ort der Verzweiflung, es war ein magisches Reich der Möglichkeiten, und der, der so lange über sie gewacht hatte, war kein dunkler Schatten, sondern …

… ein in allen Farben des Regenbogens leuchtender Stern, jener feurige Funken Lebensfreude, der immer an ihrer Seite war, von Anbeginn an. Und wenn sie nicht gestorben sind, dann erzählen der Drache und die holde Maid ihre Geschichte einer nicht alltäglichen Liebe auch heute noch und morgen und übermorgen …

Was es mit JAN/A auf sich hat, findest Du auf den letzten Seiten dieses Buches. Hier dazu nur ein Satz: JAN/A hat mich gerettet und in die Umarmung des Lebens zurückgeführt, weshalb ich nicht müde werde, diese Geschichte immer und immer wieder auf unterschiedliche Art und Weise zu erzählen.

Mitunter führt dies auch zu einer märchenhaften…

… Liebeserklärung der Einen (Jana / holde Maid / ich) an ihren geliebten Dämon (Jan / Drache / Borderline)

Was war mein Leben ohne Dich?

… ein Sandkorn im Stundenglas der Ewigkeit, von Tag zu Tag getrieben durch die Ereignisse, ohne zu verweilen, ohne Halt.

Was ist mein Leben ohne Dich?

… eine endlose Suche nach dem, was ich bin.

… die Sehnsucht, unter den Myriaden von leuchtenden Punkten am nächtlichen Sternenhimmel endlich den einen zu finden – mich.

Doch – war mein Leben je ohne Dich?

… warst Du nicht stets an meiner Seite als die Gewissheit, es gibt irgendwo die Antworten auf all meine Fragen?

… warst Du nicht jener Regentropfen, der in den ruhenden See tief in meiner Seele fiel und mich (an)erkennen ließ, wer ich bin?

… warst Du nicht schon immer jener feurige Funke in meinem Herzen, der bedingungslos liebt, was ich bin?

Könnte ich je lieben ohne Dich?

… das Leben?

… die Menschen?

… mich selbst?

Ich will nie wieder leben ohne Dich,

… will Dich in mir spüren,

… Dich im Licht der Liebe berühren,

… und Dich mit meinem letzten Atemzug in die Ewigkeit entführen.

Nebel über dem See

Es war einmal vor einiger Zeit, in einem fernen Land. Dort lag eingebettet zwischen hohen Bergen eine Stadt, getrennt vom Rest der Welt, am Rand des Nirgendwo. Ihre Bewohner lebten in ständiger Sorge – und Angst, denn Unsicherheit beherrschte jenen Teil der Welt. Es gab vieles zu fürchten, wenig Zuversicht, und noch weniger Vertrauen in alles, was außerhalb ihrer Stadtmauern lag. Aus ihrer Mitte erwählten sie einen zu ihrem Oberhaupt, der sie mit Stärke und Schlauheit durch diese schwierigen Zeiten führen sollte. Wann immer sie nicht weiter wussten, suchten die Bewohner ihn auf. Wann immer es Probleme zu lösen gab, war er zur Stelle. Wann immer Gefahr von außen drohte, stellte er sich ihr entgegen. Groß war die Verantwortung, die auf seinen Schultern lastete – und die er mit niemandem teilen konnte, denn er war das Oberhaupt – der Statthalter. Die anderen blickten zu ihm auf, vertrauten auf seine Entscheidungen, seine Kraft. Wie hätte er ihnen zeigen können, dass er manchmal selbst nicht weiterwusste? Dass all diese Last schwerer war, als er allein tragen konnte? Ohne ihren Glauben an ihn zu erschüttern und ihnen damit ihre Hoffnung auf eine Wandlung zum Besseren zu zerstören? So schwieg er, verbarg seine eigenen Zweifel und Sorgen vor den Bewohnern der Stadt.

An manchen Tagen, wenn die Last wie ein bleierner Mantel auf seinen Schultern lag und ihn zu Boden zu drücken drohte, schlich der Statthalter sich heimlich aus der Stadt und durchwanderte einen nahegelegenen Wald. So wie an diesem Abend.

Als die Sonne rotglühend hinter den Bergen in der Ferne versank, legte die Dämmerung lautlos ihren Schleier über das Land, verschluckte die Farben des Tages, bis all die Bäume, Sträucher, Felsen und alles andere rundum in einen Mantel aus Grau gehüllt war. Stille legte sie über die Welt der Menschen, doch in der Natur erwachten die Wesen der Nacht, manche unsichtbar, andere mit in der Dunkelheit funkelnden Augen, und die Vielfalt ihrer Stimmen verwandelte die Weite unter dem Sternenhimmel zu einem vom bläulichen Mondlicht gefluteten Konzertsaal, in dem eine nicht mit Worten zu beschreibende Symphonie erklang.

Seine nächtlichen Wanderungen führten den Statthalter häufig zu einer Lichtung im Wald, in deren Mitte ein kleiner See dunkel im Nachtlicht schimmerte. In windstillen Nächten wurde die Oberfläche zu einem Spiegel des Sternenzeltes darüber mit Myriaden von glitzernden Punkten. Es war ein fast magischer Anblick, der tiefen Frieden in der Seele eines Menschen auszulösen vermochte und für einen kurzen Augenblick all das vergessen ließ, was den Tag bestimmte. In diesen

Frieden flüchtete sich der Statthalter, um vorübergehend Ruhe zu finden. Doch er war nicht allein.

Zwischen den Wesen der Nacht lebten auch jene, welche sich vor den Bewohnern der Stadt verbargen, wie die Hüterin des Sees. Sie mied die Menschen, und das aus gutem Grund. Schmerzhafte Begegnungen mit jenen hatten die Hüterin vorsichtig werden lassen, argwöhnisch und mitunter linkisch. Die nächtlichen Besuche des Statthalters störten sie, doch sie unternahm nichts dagegen – vorerst nicht. Stattdessen wich sie jedem Zusammentreffen aus, kletterte lieber über eine kalte, nasse Felswand, anstatt den Weg über eine moosbewachsene Bucht zu wählen. Dies sollte sie noch bereuen, denn im schwachen Schein des Mondlichts übersah sie eine schlammige Stelle auf dem vom Wasser glattpolierten Stein. Ihre Füße verloren den Halt. Sie geriet ins Rutschen, verlor das Gleichgewicht und rutschte haltlos die steile Felswand hinab, direkt auf die schroffen Klippen unterhalb zu – als sie plötzlich am Arm gepackt und zur Seite gezogen wurde.

Atemlos vor Schreck starrte sie auf den Statthalter, der ihren zitternden Körper im Arm hielt. Die Hüterin hatte angenommen, nicht von ihm entdeckt worden zu sein, doch nun war er hier – und er hatte sie vor dem Absturz gerettet. Musste sie ihn fürchten? Er war einer jener Stadtbewohner, mit denen sie viele schlechte Erinnerungen verband, denn ihresgleichen war anders als die Menschen hinter den Mauern.

„Hab' keine Angst. Ich tue dir nichts", sagte er mit ruhiger Stimme. *„Warum versteckst du dich vor mir?"*

Die Hüterin zögerte mit ihrer Antwort. Worte fand sie schnell, die sie ihm entgegenwerfen wollte, doch etwas ließ sie innehalten. Etwas, das sie in den Augen dieses Fremden erblickte, was er vielleicht vor seinesgleichen verbergen konnte, nicht jedoch vor ihr, deren Gabe es war, in die Seele eines anderen blicken zu können. Sie fühlte seinen Schmerz, und was er an diesem Ort suchte: Erlösung. Von ihm schien keine Gefahr für sie auszugehen, doch konnte sie ihm vertrauen? Ihre Erfahrungen rieten zur Vorsicht. Schließlich erwiderte sie angespannt: *„Ich habe keine Angst. Ich wollte dich nicht stören, denn ich nahm an, du suchst für dich Ruhe an diesem Ort."*

„Hier draußen bin ich es wohl, der deine Ruhe stört. Verzeih mir, aber in meiner Welt fällt es mir schwer zu finden, was hier fast von allein geschieht." Seine Stimme klang müde, aber aufrichtig. Die Skepsis der Hüterin begann zu wanken, auch wenn sie misstrauisch nachfragte: *„Warum hast du mich aufgefangen?"*

„Hätte ich denn fallen lassen sollen?" erwiderte der Statthalter lächelnd, und dieses Lächeln wirkte so ansteckend, dass die Hüterin sich dem nicht

entziehen konnte, als sie ein erleichtertes „*Nein*" nachsetzte.

An diesem Abend begann mit einer zaghaften Annäherung eine tiefgreifende Freundschaft, die keiner von beiden je erwartet hätte.

Fast die ganze Nacht über saßen sie beisammen auf einem moosbewachsenen Felsen am Ufer des Sees, unterhielten sich über ihre so unterschiedlichen Welten. Es war bereits kurz vor Sonnenaufgang. Im Gestrüpp rundum raschelte und zwitscherte es. Der nahende Tag kündigte sich an, als die Hüterin zu dem Statthalter an ihrer Seite blickte, all den Kummer und die Sorgen sah, die zentnerschwer auf seinen Schultern lasteten, und über die er kaum sprach. Die Zeit am See mochte ihm ein wenig Ruhe bringen, doch sie änderte nichts an dem, was er in seiner Seele mit sich trug, was sich im Laufe der Jahre dort angesammelt hatte und als schmerzvolle Erinnerungen beständig wiederkehrte. Er hatte sie aufgefangen, als sie eine Fremde war. Nun beschloss sie, das Geheimnis des Sees mit einem Freund zu teilen.

„Sieh auf den See", begann sie, „unter seiner dunklen Oberfläche verbirgt sich vieles – wie in deiner Seele. Alles, was in der Vergangenheit geschehen ist, sinkt hinab in das Dunkel, in das Vergessen, wo es verweilt, solange Wind und Wetter die Wellen vor sich hertreiben. Doch wenn es still wird, wie an diesem Morgen, dann steigen aus der Tiefe die Nebel auf und mit ihnen kehrt zurück, was längst vergessen schien."

Schweigend lauschte der Statthalter ihren Worten, während sein Blick auf dem dunklen Wasser des Sees ruhte, über dem sich einzelne Nebelschleier erhoben – wie die Erinnerungen, die zurückkehrten, an das, was er verloren hatte, an Schmerzhaftes, an Kummer und Leid …

„Lass die Nebel aufsteigen, lass sie zu Wolken werden. Halte nicht an ihnen fest, beachte sie nicht, damit sie nicht zurückfallen unter die Oberfläche und weiter dort verweilen, um erneut aufzusteigen. Lass sie los. Schließ deine Augen und stell dir vor, wie die Nebel aufsteigen, höher und höher in den Himmel hinauf…"

Er folgte den Worten der Hüterin, nahm des Bild des Sees mit in seine Vorstellung, sah die Nebel vor seinem geistigen Auge, die sich höher und höher emporhoben.

„… und die Berührung des ersten Sonnenstrahls an diesem Morgen sie auflöst."

Während der Statthalter kurz darüber nachdachte, wie wohl ein einzelner Sonnenstrahl dies zu bewerkstelligen vermochte, fühlte er plötzlich etwas Sanftes, das seine Lippen berührte, und das jenes dunkle Bild des Sees mit dem Nebel vor seinem geistigen Auge wie ein Sonnenaufgang mit goldenem Licht flutete. All die Last der Vergangenheit verschwand, und er verweilte in der Gegenwart, in diesem einen Augenblick, in umfassender Ruhe, in einem Gefühl der Geborgenheit, der grenzenlosen Nähe, bedingungsloser Liebe - in einem Kuss aus Licht.

Als er seine Augen wieder öffnete, war die Hüterin verschwunden. Die Sonne hatte sich über den Horizont erhoben und warf ihre ersten Strahlen auf das glitzernde Wasser des Sees.

Von diesem Tag an verbrachte der Statthalter viele Nächte und Sonnenaufgänge am See, wenn die Sorgen auf seinen Schultern lasteten – und manchmal auch, wenn alles in Ordnung war – um die Nebel zu beobachten, die von der Oberfläche aufstiegen, bis die Berührung eines Sonnenstrahls sie auflöste.

Und die Hüterin? Nun, vielleicht war die Magie des Sees nicht das einzige Geheimnis, das sie bewahrte. Vielleicht verbarg sich hinter den ersten Strahlen eines Sonnenaufgangs mehr, als sie erzählen würde. Wer weiß?

Es gibt noch Wunder

Hast du dich je gefragt,
warum wir einen Sonnenaufgang erleben dürfen?
Warum auf den Winter der Frühling folgt?
Warum die Sterne am Himmel erstrahlen?
Dinge, die du oft erlebt,
aber deren Sinn du nie erfahren hast.

Nimm es nicht als gegeben,
geh nicht unbedacht daran vorüber,
es sind Wunder, derer wir dankbar sein sollten,
denn es könnte der Tag kommen,
an dem die Nacht nicht geht,
der Frühling nicht kommt,
und die Sterne verblassen.

Hast du dich je gefragt,
warum der Adler sich in die Lüfte erhebt?
Warum unter tausend Blüten eine jede anders ist?
Warum die Natur uns leben lässt?
Dinge, die du oft gesehen,
aber deren Einzigartigkeit du nie wahrgenommen hast.

Nimm es nicht als gegeben,
sieh nicht unbedacht daran vorbei,
es sind Wunder, derer wir uns bewusst sein sollten,
denn es könnte der Tag kommen,
da die Luft leer,
die Blüten verwelkt
und wir nicht mehr da sind.

Hast du dich je gefragt,
warum es Freundschaft gibt?
Warum Menschen da sind, wenn du sie brauchst?
Warum Alleinsein nicht gleich Einsamkeit ist?
Dinge, die dir nicht fremd,
aber manchmal unverständlich sind.

Nimm sie nicht als gegeben,
lass sie nicht unbedacht vorüberziehen,
es sind Wunder, die dir widerfahren,
und es könnte der Tag kommen,
da du Freunde brauchst,
sie jedoch den Weg vorausgegangen,
und du einsam bist.

Hast du dich je gefragt,
warum ein Kind erwachsen wird und vergisst,
ein Kind gewesen zu sein?
Warum wir Geborgenheit so sehr suchen?
Warum es so schwer fällt zu vertrauen?
Dinge, die du kennst,
und die du selbst erfahren hast.

Nimm sie nicht als gegeben,
lass sie an dir vorüberziehen,
es gibt noch Wunder, glaube mir,
denn es wird der Tag kommen,
an dem du dich erinnerst,
du wirst finden, was du suchst,
und es wird ganz einfach geschehen,
wie ein Wunder.

Hast du dich je gefragt,
was Liebe ist –
wenn nicht ein Wunder?
Wenn nicht das größte Wunder überhaupt?

Ein magischer Spiegel

Es war einmal in einem Land auf der anderen Seite der Welt. Dieses Land war in manchen Belangen sehr ungewöhnlich. Seit vielen Generationen gab es dort keine Spiegel. Die Menschen, die in diesem Land lebten, hatten ihr eigenes Gesicht noch nie selbst gesehen. Sie vertrauten auf die Beschreibungen, die andere ihnen schilderten, so wie ein kleines Mädchen, das ihre ersten Schritte in ein für sie unbegreifliches Leben hinaus machte. Wohl hörte sie die Worte der anderen, wer sie denn sei und was ihr für ihr Leben bestimmt sei, aber all dies erschien ihr fremd und unvorstellbar. Doch wer war sie, daran zu zweifeln, was all die anderen in ihr zu erkennen glaubten?

In den Jahren, die folgten, hielt sie sich an diese Worte, die ihr zugesprochen worden waren, und tat, was andere für sie als richtig erachteten. Sie wurde älter. Damit rückte der Zeitpunkt näher zu entscheiden, was sie aus ihrem Leben machen sollte, welchen Beruf sie ergreifen wollte, welches Leben sie führen wollte – auch um die innere Leere zu füllen, die sie beständig in sich fühlte. Erneut fragte sie die anderen um Rat. Einer sagte: *„Folge deiner inneren Stimme, sie wird dir deinen Weg zeigen."*

Das Mädchen lauschte also in sich hinein, aber da war nur Schweigen, keine Stimme, auf die sie hätte hören können. Also fragte sie den nächsten und erhielt diesmal eine klare Antwort: *„Du hast geschickte Hände, werde Schneiderin."* Diesem Rat folgend, erlernte sie die Kunst der Arbeit mit Nadel und Faden, doch glücklich wurde sie damit nicht. Die Leere in ihr blieb. Unzufrieden mit ihrer Wahl, richtete sie wieder ihre Frage an die anderen. Diesmal lautete die Antwort: *„Du kannst gut kochen, werde Köchin."* Ein weiteres Mal handelte sie nach der Empfehlung und fand eine Zeitlang Freude darin, doch diese war nicht von Dauer. Bald schon folgte die nächste Frage, und der nächste Weg. Viele Wege beschritt das Mädchen, nunmehr eine junge Frau, im Laufe der folgenden Jahre. Keiner davon bescherte ihr ein zufriedenes Leben oder konnte die Leere in ihr beenden. So ging es viele, viele Jahre dahin. Die Frau wurde älter, erfahrener, vielseitiger, aber nicht erfüllt von dem, was sie tat oder wer sie war.

Eines Tages führte ihr Weg sie in ein altes, halb verfallenes Haus am Rande einer Stadt. Sie war nur auf der Durchreise, hatte es eigentlich eilig, aber das Haus übte eine unerklärliche Anziehungskraft auf sie aus. Die Fassade war alt und bröckelig, die gelbe Farbe längst nur mehr ein blasser Hauch dessen, wie sie wohl einst erstrahlt haben musste. Schief hingen die hölzernen Fensterläden in den morschen Rahmen, viele Glasscheiben war gebrochen, und ob das löchrige Dach den nächsten Sturm überstehen würde, stand in

Zweifel. Dennoch, es verströmte auch etwas Tiefgründiges, fast schon Mystisches.

Vorsichtig setzte die Frau ihren Fuß über die hölzerne Schwelle, schritt langsam über die knarrenden Dielen und erkundete das Innere des Hauses. Jemand schien es überstürzt verlassen zu haben. Viele Möbel standen noch in den Räumen, von einer dicken, grauen Staubschicht überzogen. Spinnweben hingen in den Ecken und von den Decken herab. An einer Wand konnte sie ein großes Bild mit einem kunstvoll geschnitzten Rahmen erkennen. Zumindest dachte sie, es wäre ein Bild, das mit einem fleckigen Tuch verdeckt worden war. Nur Teile des wohl ehemals bronzefarbenen Rahmens waren in den unteren beiden Ecken erkennbar. Was es wohl darstellte? Die Frau wurde neugierig und näherte sich dem Gebilde. Ob sie es wagen sollte, das Geheimnis zu lüften? Obgleich niemand außer ihr in dem Haus war, blickte sie fragend um sich. Wer sollte schon etwas dagegen haben, dachte sie bei sich und streckte ihre Hand aus, um den Stoff zu ergreifen. Als sie das Tuch von dem Rahmen zog, wurde sie augenblicklich von einer staubigen Wolke eingehüllt, die ihr die Sicht raubte und auch ein wenig den Atem.

Als die Staubwolke sich zu lichten begann, konnte sie das Motiv des Bildes erkennen – und erschrak. So etwas hatte die Frau in ihrem ganzen Leben noch nicht gesehen: ein bewegtes Bild. Nein, das war kein Bild, das war ihr Spiegelbild! Vor ihr an der Wand hing ein Spiegel, etwas, das sie nur aus Geschichten kannte. Verunsichert wich sie einen Schritt zurück.

„Warum so ängstlich?" hörte sie eine Stimme fragen. Panisch blickte sie sich um, doch niemand war zu sehen. Sie war allein. Zögerlich wandte sie sich wieder dem Spiegel zu, blickte in ein ihr fremdes Gesicht, das sie mit großen Augen anstarrte. *„Wolltest du nicht dein Leben lang wissen, wer du bist? Ich kann es dir zeigen."* War es tatsächlich der Spiegel, der zu ihr sprach? Niemand sonst war hier, also musste es wohl so sein.

„Wer bist du?" fragte die Frau zaghaft.

„Ich? Ich bin nur ein Spiegel. Ich zeige dir, was du selbst nicht sehen kannst: dein wahres Gesicht." Die Frau hielt den Atem an. War dies alles nur ein Traum? Vorsichtshalber zwickte sie sich selbst in den Arm, wobei – wenn sie träumen würde, würde sie wohl auch das nur träumen.

„Nein, du träumst nicht", beantwortete der Spiegel ein wenig amüsiert ihre unausgesprochene Frage, *„willst du jetzt wissen, wer du bist, oder nicht?"* Die Stimme schien etwas ungeduldig zu werden, weshalb die Frau ihre berechtigten Zweifel beiseiteschob und wieder einen Schritt auf den Spiegel zu machte. Ihre Neugierde erwachte.

„Ja", erwiderte sie leise, *„ich will wissen, wer ich bin und welcher Weg mir im Leben bestimmt ist. Kannst du mir das zeigen?"*

„Nichts leichter als das", antwortete der Spiegel, dessen Oberfläche für einen kurzen Augenblick aufleuchtete, um danach ein Bild zu offenbaren, das die Frau staunend verharren ließ.

„Das bin ich? Dieses Leben ist mir bestimmt?" Sie schien es selbst kaum glauben zu können, weshalb der Spiegel energisch hinzufügte:

„Ein Spiegelbild lügt nicht."

Minuten vergingen. Schweigen herrschte. Nur das Mienenspiel der Frau verriet, was sie wohl in dieser Zeit durchlebte: Erstaunen, Hoffnung, Freude, Unsicherheit, Skepsis … bis sie schließlich sagte: *„Und wenn ich das nicht will?"*

Der Spiegel verdunkelte sich und brachte nur ein erstauntes *„Wie bitte?"* hervor.

Die Frau rieb sich mit der Hand am Kinn, verschränkte ihre Arme vor dem Körper und meinte dann: *„Naja, diesen Weg zu gehen birgt auch ein gewisses Risiko. Gewiss, mein Leben begeistert mich nicht gerade, aber es bietet viel Sicherheit. Ganz anders als das, was du mir da zeigst. Ich müsste in vielem von vorne beginnen, ohne Gewissheit, ohne Absicherung."*

Der Spiegel schwieg. Offenbar war er auf Gegenargumente nicht vorbereitet, also fuhr die Frau mit ihrer Skepsis fort: *„Und mal ehrlich: wie weit darf ich dir eigentlich trauen? Du bist scheinbar der einzige Spiegel, der noch existiert. Wo sind all die anderen? Vermutlich gab es einen guten Grund, sie zu entfernen.*

Vielleicht wollt ihr uns täuschen und auf einen falschen Weg locken. Wieso sollte ich dir trauen …"

„*Genug!*" entfuhr es dem Spiegel mit donnernder Stimme, die selbst die Wände rundum erzittern ließ. Die Frau hielt erschrocken inne. „*Es ist mir gleichgültig, ob dir gefällt, was du siehst oder nicht. Das ist dein Leben und dein Weg. Das bist DU!*"

Eine Minute der Stille kehrte ein, in der allmählich auch der Staub auf den Boden herabsank, der durch die bebenden Wände aufgewirbelt worden war. „*Aber wenn du dich irrst?*" hakte die Frau vorsichtig ein.

„*Ich irre mich nicht. Ich bin ein Spiegel. Ich zeige, was vor mir steht. Das Bild bestimmst du allein!*" grollte es durch den Raum.

„*Aber wenn ich es nun nicht richtig verstehe?*" versuchte die Frau einen neuerlichen Haken.

„*Du meinst wohl, wenn du es nicht verstehen willst?*" erwiderte der Spiegel mit genervter Stimme. Offenbar war es mit seiner Geduld nicht weit her. Die Frau rollte ihre Augen, was nicht nur der Spiegel wahrnahm. Ein weiteres Mal setzte sie zu einem Einwand an, als ein tiefes Seufzen zu hören war, und eine enervierte Stimme anhob: „*Wir können das jetzt stundenlang diskutieren, ohne zu einem Ende zu kommen, welches dir in den Kram passt. Es ist, wie es ist. Lebe dein Leben als du selbst, oder lass es bleiben. Sei du selbst mit der Chance, glücklich zu werden, oder lass es bleiben und verweile in deiner bekla-*

genswerten Tristesse. Es ist deine Entscheidung. Ich bin es überdrüssig, darüber zu diskutieren. Ihr Menschen seid so starrsinnig, engstirnig und verbohrt. Man kann euch alles offenbaren, und ihr seht nur, was ihr sehen wollt, was in euren beschränkten Horizont passt und keinen Millimeter weiter."

Das Gesicht im Spiegel wurde rot, und auch die Frau spürte, wie ihr die Röte ins Gesicht stieg. Insoweit zeigte das Bild die unverfälschte Wahrheit. Was, wenn auch alles andere der Wahrheit entsprach? Eine Zeitlang herrschte bedrückendes Schweigen, dann sagte die Frau zaghaft: *„Und wenn ich nun scheitere?"*

Wieder erklang ein langer Seufzer, diesmal fast schon mitleidend. *„Du kannst nicht darin scheitern, du selbst zu sein. Du kannst es nur verweigern und dir damit selbst im Weg stehen. Es ist so einfach: Hör auf, etwas anderes als du selbst zu sein."*

Tausend Gedanken schwirrten durch den Kopf der Frau. Hör auf, etwas anderes als du selbst zu sein? All das, was sie in den vergangenen Jahren und Jahrzehnten gemacht hatte, war sie das selbst gewesen oder war sie dabei jene gewesen, die andere ihr zugesprochen hatten? Wie wäre es zu erkennen, zu unterscheiden? So viele Fragen, so wenig Antworten – und vor ihr auf der schimmernden Glasoberfläche des Spiegels ein Gesicht, das fremd schien, und dabei gleichzeitig vertraut. Zwei Augen, die sie nie zuvor erblickt hatte, und die doch alles gesehen hatten, was sie bislang erlebt hatte. Ein Mund, der zu ihr sprach und es waren ihre eigenen Worte, die sie dabei hörte: *„Wenn das im Spiegel wirklich ich bin, dann ..."*

Sie verstummte, nur in ihrem Kopf klangen viele Worte nach, doch ihre Kehle war wie zugeschnürt, ihre Zunge wie gelähmt, denn die Wahrheit war ...

„Ja, dann hat man einen Adler in einen Hühnerstall gesperrt und ihm die Flügel gestutzt", beendete der Spiegel ihren Satz. Fast schien es, als würde er nun Bedauern zeigen. *„Es wird Zeit, dass du deine Schwingen ausbreitest und dich in jenen Himmel erhebst, der dein zuhause ist"*, fügte er noch milde hinzu, *„ich weiß, dass du es kannst, denn du wurdest dafür geschaffen – so wie ich erschaffen wurde, die Wahrheit zu offenbaren, jederzeit und ungeschönt. Ein Spiegel vermag nicht zu lügen. Deshalb habt ihr uns von den Wänden genommen, zu Scherben zerschlagen und aus euren Leben verbannt. Wir zeigten, was ihr nicht sehen wolltet: Die Wahrheit über euch selbst. Diese ist nicht immer angenehm und entspricht oft nicht euren Wünschen oder eurem Verlangen nach Bequemlichkeit. Ihr findet so viele Mittel und Wege, euch selbst zu belügen und zu betrügen, scheut dabei weder Risiko noch Preis, nur um das zu vermeiden, was eurem Leben Sinn verleihen würde. Gleichzeitig diskutiert ihr seit Ewigkeiten darüber, was es bedeutet Mensch zu sein. Wenn du mich fragst: Mensch sein bedeutet, das Leben komplizierter zu machen, als es ist; es mit Problemen vollzustopfen, die keine sind und dabei euer Bedürfnis nach Schwierigkeiten erfüllen. Unzähligen von euch zeigte*

ich die Wahrheit, doch nur wenige waren bereit, sie anzunehmen. Stattdessen schlugen sie neue Umwege ein. Und heute stehst du hier. Du kannst dich nun entscheiden, deinen Weg zu gehen, oder erneut einen Umweg einzuschlagen. Es liegt an dir. Alles, was du für deinen Weg brauchst, wurde dir bereits gegeben. Auf deinem Weg sind dir Erfolge ebenso bestimmt wie Fehlschläge, aber jeder einzelne davon wird dich weiterbringen, weil es dein Weg ist – und nur du kannst diesen Weg gehen."

Erstmals in ihrem Leben sah die Frau jene Tränen, die heiß über ihre Wangen liefen, und sie fühlte etwas in sich, dass sie bislang noch nie gefühlt hatte: Gewissheit! Sie erkannte in dem Spiegelbild vor ihr endlich, wer sie war, was in ihr steckte und welcher Weg ihr bestimmt war. Die letzten Zweifel fielen von ihr ab. Es war längst keine Angst mehr, die sie fühlte, eher eine Art von Respekt – und Freude, als sie begann ihre Flügel auszubreiten …

"Bevor du gehst, häng bitte das Tuch zurück an seinen Platz. Ich habe keine große Lust, so ein Theater jeden Tag mit einem Menschen zu spielen, der sich in dieses Haus verirrt", murrte der Spiegel launisch, doch die Frau verharrte noch einige Zeit bewegungslos und in Gedanken, bevor sie schließlich das Tuch ergriff und über den Rahmen zog. Ehe sie noch den letzten Rest des Spiegels verhüllte, hauchte sie ein *"Danke"*.

Danach machte sie sich auf den Weg hinaus. Als sie das Zimmer verlassen wollte, erhob sich ein letztes Mal die Stimme des Spiegels: *„Geh deinen Weg und solltest du je zweifeln, denke immer daran: niemand kann deinen Weg so gehen wie du. Er wird dich stets voranbringen, gerade oder auf Umwegen, solange du einfach nur bist, wer du bist."*

Nachdenklich verließ sie das alte, halb verfallene Haus und setzte ihre Reise fort, wobei – von diesem Tag an war alles anders, denn von diesem Tag an war SIE es, die auf IHREM Weg durch IHR Leben schritt und es sollten Dinge geschehen, die sich diese Frau zuvor in ihren kühnsten Träumen nicht auszudenken gewagt hatte, doch dies ist eine andere Geschichte …

28 Zeilen

Gefangen in der Dunkelheit,
im Rückzug -
allein.

Ein Tor würde hinausführen,
doch ich verharre -
zu groß ist die Angst vor der Freiheit,
vor Verletzung
und Schmerz.
Zu vertraut ist die Dunkelheit.

Du reichst mir deine Hand
und sagst: *„Komm!*
Folge mir.
Vertrau' mir.
Hör' nicht auf das,
was andere über mich sagen.
Blicke hinter den Spiegel,
fühle die Wahrheit:
Wer ich bin.

Fühle das Licht,
wenn du deine Schwingen ausbreitest.
Fühle die Kraft
in jedem Schritt auf deinem Weg.

Fühle die Umarmung des Lebens,
die Ewigkeit in einem Herzschlag,
das Universum in einem Atemzug.
Fühle, wer ich immer war
und wer du immer sein wirst:
Ein feuriger Funken Lebensfreude!"

Ich nehme deine Hand,
lausche dem Klang deiner Stimme,
der Botschaft in deinen Worten,
sehe die Lügen zu Staub zerfallen,
schreite durch das Tor ins Licht -
zurück
in deine Arme
und zu mir selbst.

Ich bin Lesley.

… und diese 28 Zeilen holen mich stets zurück, wenn ich zwischendurch in der Hektik des Alltags wieder einmal vergesse, wie es sich anfühlt, vom Leben umarmt zu werden.

Das Mädchen von der anderen Straßenseite

Es war einmal ein mürrischer alter Mann, der allein in einem großen Haus in der Mitte einer langen Straße wohnte. Er mied die Menschen, die rundum wohnten. Nur selten sprach er mit einem von ihnen. Man sah ihn oft in seinem Garten arbeiten, der voller wunderschöner Blumen war. Sie schienen für ihn von besonderer Bedeutung, denn er hegte und pflegte sie mit großem Aufwand. Doch niemals bat er jemand zu sich ins Haus auf ein Gespräch, keiner besuchte ihn je. Er war ganz für sich – und seine Blumen.

Auf der anderen Seite der Straße, genau gegenüber, lebte eine kleine Familie. Die junge Tochter hatte ihr Zimmer im ersten Stock, blickte oft über die Straße hinüber in den blühenden Garten, den sie jedoch niemals betreten hatte. Nur aus der Ferne bewunderte sie die Vielfalt der bunten Blüten und Blätter, die sich sanft im Sommerwind wiegten; bestaunte die Farbenpracht der Schmetterlinge. In ihrer Fantasie war dies ein Garten jenseits jener Wirklichkeit, in der sie lebte. Ein Ort der Träume. Ein Stück Magie, voller zauberhafter Wesen und hilfreicher Geister, die ihr vielleicht zurückbringen konnte, was sie verloren hatte und Tag für Tag vermisste. Doch sie wagte nicht, diesen Garten zu betreten.

Eines Tages – es war ein heißer Samstag im Sommer – saß die Kleine wieder einmal am Fenster in ihrem Zimmer und träumte vor sich hin. Plötzlich sah sie, wie ihr scheckiger Hase, der eigentlich in seinem Gehege im Garten vor ihrem Haus sein sollte, über die Straße hoppelte, direkt auf den Garten des alten mürrischen Mannes zu. Kurz hielt der Hase vor einigen Geranien inne, wandte sich ein wenig nach links und begann an einer rosablühenden Staude zu knabbern. In diesem Augenblick trat der alte Mann aus dem Haus und erblickte den Hasen. Das Mädchen erschrak zutiefst. Was würde er ihrem kleinen Liebling wohl antun, der sich frech an den sonst wohl behüteten Blumen labte?

Es waren nur wenige Schritte, bis der Alte den Hasen erreicht hatte und ihn mit einem schnellen Griff am Kragen packte. Das Herz des Mädchens stockte. Furcht erfasste sie, als sie mitansehen musste, wie der Mann das Fellbündel hochhob und musterte. Wenige Augenblicke nur waren es, doch sie trieben Tränen in ihre Augen, schnürten ihr den Hals zu, ließen ihr junges Herz leiden – als sich plötzlich der mürrische alte Mann aufmachte, mit dem Hasen in seinen Händen die Straße zu überqueren. Er verschwand aus ihrem Sichtfeld, so dass sie nicht wusste, was nun geschah. Stille herrschte. Keine Türklingel. Kein Klopfen. Kein einziges Geräusch rundum außer ihrem wild pochenden Herzen.

Nach einer schieren Ewigkeit wagte sie sich die Treppe hinab und vor die Tür. Der Alte war zwischenzeitlich in sein Haus zurückgekehrt. Vorsichtig öffnete das Mädchen die Tür und schob ihren Kopf durch den Spalt. Auf der Wiese vor ihr, in dem kleinen Gehege, saß der Hase, putzmunter und knabberte an einer Karotte. Woher kam die Karotte? Wieso war ihr kleiner Liebling unversehrt? Warum hatte der Alte den Hasen nicht dafür bestraft, dass er seine wunderschönen Blumen verwüstet hatte? So viele Fragen schwirrten durch ihren Kopf, auf die sie keine Antworten hatte.

Am Abend erzählte sie ihrer Mutter von dem Vorfall. Diese zuckte nur mit den Schultern und meinte, niemand wisse, wie der Alte wirklich denkt. Er sei schon sehr lange allein, hatte seine eigene Familie verloren Jahre bevor sie geboren worden war. Seit damals ginge er allen Menschen aus dem Weg. Lange noch dachte das Mädchen über die Worte ihrer Mutter nach. Irgendwann in dieser Nacht hatte sie eine Idee.

Am nächsten Morgen machte sich das Mädchen auf, kramte in seinen Bastelsachen herum, bis sie eine alte Schachtel fand. Der Karton zeigte rundum das Bild jener Teekanne, die ursprünglich darin transportiert worden war. Sie nahm auch einige Bögen Papier mit buntem Aufdruck zur Hand, suchte jene mit Blumenmotiven heraus und begann, diese zuzuschneiden. Ihre flinken Finger werkten geübt mit Schere und Kleber. Kurze Zeit später war die Schachtel nicht mehr wieder zu erkennen. Die Teekanne war unter den Blumenmotiven verschwunden. Aus einer alltäglichen Verpackung war ein einzigartiges Kleinod geworden, bunt, verspielt, wunderschön wie der Garten auf der anderen Seite der Straße. Das Mädchen legte noch einen Zettel in diese besondere Schachtel, verschloss sie und band mehrere bunte Schleifen außen rum. Dann machte sie sich auf den Weg.

Ein wenig mulmig war ihr schon zumute, als sie die Straße überquert hatte und ihre ersten Schritte in den fremden Garten setzte. Doch sie fasste sich ein Herz, überwand ihre Furcht und ging auf die Tür zu. Aus der Nähe wirkte diese viel größer und fast schon bedrohlich. Gerade als sie ihre bunte Schachtel auf die Fußmatte vor der Tür abstellen wollte, öffnete sich die Tür und der alte Mann stand vor ihr. Er war sehr groß. Sie blickte mit erschrockenen Augen zu dem Alten auf, der sie nur schweigend ansah. Worte fand auch das Mädchen in diesem Augenblick nicht, sie starrte ihn nur an, während sie kaum wagte zu atmen. Schließlich fragte er sie: *„Was tust du hier?"*

Das Mädchen konnte nicht unterscheiden, ob seine Stimme verärgert oder überrascht war, oder beides. Sie drückte ihm ihre Schachtel in seine breiten, von der Gartenarbeit rissigen Hände und lief eilig zurück auf die andere Seite in das Haus ihrer Eltern.

Da stand er nun, der Alte, mit einer bunten Schachtel in seinen Händen. Verwirrt über die Aktion des kleinen Mädchens schüttelte er seinen Kopf, drehte um und schloss die Tür hinter sich. In seinem Wohnzimmer angekommen, stellte er die Schachtel auf einen Tisch. Zuerst beachtete er sie nicht, doch dann wurde er neugierig und öffnete vorsichtig die bunten Schlaufen und Maschen. Das Mädchen schien sich viel Mühe gemacht zu haben. Was sich wohl in der Schachtel verbarg?

Als er schließlich den Deckel abnahm und ins Innere blickte, war da – nichts. Ratlos runzelte der Alte die Stirn. Eine leere Schachtel? Wollte die Kleine ihm einen Streich spielen? Erst auf den zweiten Blick entdeckte er den Zettel, der gefaltet auf dem Boden der Schachtel lag. Er nahm ihn heraus und begann zu lesen, als Tränen seine Augen füllten und er kaum weiteratmen konnte. Auf dem Zettel stand, in krakeliger Kinderschrift:

„Ich habe etwas gefunden, dass Sie verloren haben. Ich möchte es Ihnen wieder zurückgeben, denn Sie brauchen es noch."

Darunter hatte das Mädchen ein großes Herz gezeichnet, gefüllt mit vielen bunten Kugelblumen und einem etwas zu dick geratenem Hasen. Die Hände des Alten zitterten. Die Tinte des Wortes „verloren" begann zu zerfließen, als eine Träne darauf tropfte. Er wusste, dass die Familie von der anderen Straßenseite vor einigen Monaten den Großvater verloren hatte. Auch wenn er den Kontakt zu den anderen Bewohnern mied, so entgingen ihm die Ereignisse nicht.

Der Alte atmete tief durch, trocknete seine Tränen, ging hinaus in den Garten und schnitt einige seiner schönsten Blumen ab, band sie zu einem Strauß zusammen. Dann überquerte er die Straße, läutete an einer ihm fremden Tür und es öffnete ein kleines Mädchen, das ihn schüchtern anlächelte. Von diesem Tag an verband eine tiefe Freundschaft die beiden, die andauern sollte, bis … manche Geschichten dürfen niemals enden, so wie diese … eine Freundschaft, die andauert bis zum heutigen Tag.

Veränderung geschieht zuerst im Geist, der plant … danach im Herzen, das entscheidet … und schließlich in der Welt, die folgt.

Kind des Windes

Es ist kein Tier und kein Ding,
dessen Berührung ich spüre,
nur der Wind.

Nicht die Wärme eines Menschen,
nicht die Kühle der Nacht,
nur der Wind.

Kein Jemand, kein Etwas oder irgendwas,
nur ein alter Freund,
nur der Wind.

Ein Begleiter einsamer Wege,
ein Vertrauter stiller Stunden,
ein Verbündeter geheimer Gedanken.

Ein Freund, den ich gefunden,
niemals an mich gebunden,
und auch niemals verloren.

Seine Berührung hüllt mich ein
wie eine Umarmung,
schenkt Vertrauen und Zuversicht,
Geborgenheit in einsamen Stunden.

Wenn ich dereinst gehe, soll er mich führen,
meine Seele mit seinem Atem berühren,
auf ewig verbunden.
Und ich werde der Wind sein,
der euch alle berührt.

Rezept zum Lächeln

Grundlos unglücklich. Für jemand, der noch nie Depressionen hatte, vermutlich kaum nachvollziehbar, aber so real. Und - verdammt nochmal – mir ist selbst bewusst, dass es keinen Grund dafür gibt, dennoch … OK, ich muss irgendetwas tun.

Runter vom Sofa und rein in die Küche. Ich will etwas kochen, mich auf andere Gedanken bringen, ablenken. Was findet sich noch im Kühlschrank? Ein paar alte Kartoffeln aus dem letzten Jahr – am 05.01.2020 sind das zwar Relikte aus einem anderen Jahrzehnt, aber immer noch genießbar. Mein erster Gedanke abseits der „Geisterbahn".

Mein Mann lässt sich zum Zwiebelschneiden überreden. Wunderbar. Heulgefahr ausgelagert. Zu den Kartoffeln gesellen sich noch ein paar gleichaltrige Pastinaken. Gemeinsam wird geschnipselt. Sein technisches Unverständnis, warum man die aus stangenförmigen Pastinaken geschnittenen Teile im Küchenjargon „Würfel" nennen kann, lässt mich einige Minuten nach einer vernünftigen Antwort suchen, doch es bleibt dabei: das sind nun mal Würfel … die im Butterschmalz mit den Zwiebel gemeinsam langsam glasig rösten. Ein wenig Gemüsebrühe und das Kartoffelgewürz dazu. Und natürlich die Kartoffelwürfel.

Während nun alles vor sich hin köchelt, bleibt reichlich Zeit für eine innige Umarmung und meine erste bewusste Feststellung, dass ich mich besser fühle. Also Mann aus der Küche verscheuchen, denn jetzt ist das Finale angesagt: Abschmecken und Dekorieren. Nicht gerade seine Domäne.

Der letzte Rest Schwarzbrot wird von mir gewürfelt (wieder Würfel) und darf in einer Pfanne vor sich hin rösten. Derweilen verwandelt ein Pürierstab die anderen Würfel in eine wohlschmeckende Kombination aus Stückchen in cremiger Suppe, die ich lächelnd in zwei große Schalen verteile. Kartoffeln bilden die sämige Basis, unterstrichen von der frischen Note der Pastinaken. Darüber die krossen braunen Brotwürfel und zum Drüberstreuen würzig-scharfe Kresse. Ein Hauch grün. Farbenspiel in Suppenschalen. Genuss pur. Wohlgefühl zum Löffeln. Untermalt vom wunderbaren Sound meiner Lieblings-Playlist.

War da nicht noch etwas? Richtig. Grundlos unglücklich. Nun, wenn es keinen Grund gibt, warum dann an dem Gefühl festhalten? Warum es nicht einfach ziehen lassen? Oder mit einer Schale duftender Suppe vertreiben? Ich könnte ja eine Geschichte darüber schreiben …

Wo die Sonne den Horizont berührt

*Wo die Sonne den Horizont berührt,
wo der Tag sich mit der Nacht vereint,
wo die Schatten verglühen,
dort werden wir uns wiedersehen,
und es wird nicht ein Tag vergangen,
nicht eine Stunde verstrichen,
nicht ein Augenblick gewesen sein,
an dem ich nicht gewünscht hätte,
dort bei dir zu sein,
dort,
wo die Träume die Realität einholen,
wo weder Raum noch Zeit existieren,
wo die Unendlichkeit im Nirgendwo,
und die Ewigkeit im Nirgendwo entspringt,
wo nichts mehr von Bedeutung ist,
außer Liebe,
dort werden wir uns wiedersehen,
wo die Sonne den Horizont berührt.*

Eine kurze Geschichte über die Zeit

Eine Weihnachtsgeschichte einmal anders

Diese Geschichte begann mit einem Facebook-Post:

An diesem 4. Sonntag im Advent möchte ich einen Gedanken in diese Gruppe teilen, der sich gestern spontan in einem Chat mit einem guten Freund ergeben hat. Ich plauderte darüber, dass ich gerade Weihnachtseinkäufe erledigt hätte, und er meinte, ich hätte wohl viel gekauft. Meine Antwort darauf war: Nein, weil ...

„... dass wirklich Wichtige im Leben kann man nicht mit Geld kaufen, und der Rest ist unwichtig."

Gesundheit und Glück kann man nicht kaufen. Freundschaft und Liebe kann man nur aus freien Stücken und grenzenlos geben - je mehr man davon gibt, desto mehr kommt zurück.

Unter all den „unbezahlbaren" Dingen des Lebens ist Zeit wohl die Ressource, die wir am meisten verschwenden, obwohl sie begrenzt ist. Schenken wir dem Anderen Zeit, also unsere uneingeschränkte Aufmerksamkeit und verweilen mit diesem Menschen im Augenblick, geben wir das Wertvollste: uns selbst, unsere Lebenszeit und unsere Liebe.

Das kann man in keinem Shop der Welt kaufen 😉

In diesem Sinne wünschen wir euch einen wertvollen 4. Advent-Sonntag mit euren Liebsten

… und so ging es weiter: Ohne es beabsichtigt zu haben, begleitete mich das Thema Zeit in den nächsten Wochen unaufhörlich. Es kam zu Diskussionen über Zeit, wie ich sie nie zuvor geführt hatte.

Zeit als Größe in der Physik und in wie weit sie in Gleichungen anwendbar sei, wenn das Ereignis außerhalb des Planeten Erde und damit außerhalb unserer physikalischen Gesetzmäßigkeiten stattfindet. Auf meine laienhafte Art übersetzt: wenn eine große Masse die Raum-Zeit krümmt, was passiert dann außerhalb von unserer guten alten Mutter Erde mit ihr? Und sollte Zeit in einer Gleichung überhaupt als eigenständige Größe benannt werden, oder als das, wie wir sie messen, also die Anzahl von Schwingungen eines Quarzkristalls? Irgendwann schwangen auch die Gedanken in meinem Kopf zwischen „nie gehört" und „faszinierend".

Zeit als Wahrnehmungsphänomen, dessen Tempo abhängig davon ist, ob wir gerade Spaß haben oder uns langweilig ist.

Zeit unter der philosophischen Lupe betrachtet warf die Frage auf: existiert sie überhaupt in der Gegenwart zwischen Vergangenheit und Zukunft? Hinkt unsere Wahrnehmung nicht permanent den Ereignissen hinten nach, die sich längst in der Vergangenheit befinden, bis uns bewusst wird, was wir soeben wahrgenommen haben? Ist die Gegenwart die einzig existierende Zeitform und damit gleichzusetzen mit der Ewigkeit?

Die Endlichkeit von Zeit wurde für mich spürbar. In meinem Leben liegen mit großer Wahrscheinlichkeit weniger Tage vor mir als hinter mir. Jeder Blick auf den Kalender bestätigt das Voranschreiten von … was eigentlich genau? Einer Zeit, die vielleicht so gar nicht existiert, sondern nur in unserer Wahrnehmung? Meinem Leben?

Ohne darüber nachzudenken, denn ich bemerkte es erst einige Wochen später, begann ich meine Zeit anders zu verbringen. Ich unterließ manches, das ich früher vielleicht getan hätte, obwohl es reine Zeitverschwendung war, und verbrachte stattdessen Zeit mit jenen Menschen, denen ich zuvor jahrelang aus dem Weg gegangen war, weil ich meine Zeit nicht mit sinnlosen Diskussionen vergeuden wollte. Doch nun, da sich „das Konzept der Zeit" wie ein Trojaner in mein Unterbewusstsein geschlichen und subtil damit begonnen hatte, meine Entscheidungen und Handlungen zu beeinflussen, nun wurde es mir auch wichtig, mit diesen Menschen Zeit zu verbringen, bevor der Lauf des Lebens uns diese Möglichkeit unwiderruflich nehmen würde.

Wer sich wie ich mit Zeit befasst, kommt unweigerlich zu der Erkenntnis, dass die eigene auch eines Tages enden wird. Was also wollte ich mit meiner verbleibenden Zeit tun? Sie bei manchen Gelegenheiten einfach absitzen und darauf warten, „bis auch dies vorüber ist"? Welch eine Verschwendung von etwas so Kostbarem.

Wenn du erkennst, wie begrenzt die Quantität ist, wird die Qualität umso wertvoller.

Und so beschloss ich wenige Wochen, nachdem ich den eingangserwähnten Beitrag online gestellt hatte, all die offenen Baustellen meines Lebens zu bereinigen, solange die Zeit mir noch die Möglichkeit dafür bot. Warum noch länger warten? Nur weil das gekränkte Ego laut aufschreit? Die Zeit schreit nicht laut, sie schleicht eher lautlos dahin, nur das Ticken einer Uhr erinnert uns daran, dass der Fluss des Lebens niemals ruht, wir ein Teil von all dem sind, und doch morgen bereits vergangen sein könnten.

Ich begann meine Zeit mit Leben zu füllen – und mit Sinn.

Eine Stunde für einen Freund, der gerade an der ihm auferlegten Bürde zu verzweifeln droht – nicht eine Minute davon verschwendet. Einen Nachmittag für jene, mit der ich viele Streitereien ausfocht, die zwar nie zu einer Lösung jener Konflikte führten, die lange in der Vergangenheit zurücklagen, doch ein Verweilen im Augenblick und dem Bewusstsein, dass eben jene Gegenwart offen war das zu sein, was wir daraus machen wollten, brachte Frieden. Ein Blick auf jenen, von dem ich zu wissen glaubte, wer er ist, ließ mich staunen, wie viel Zeit vergangen war, und was sich verändert hatte.

Nie zuvor hatte ich meine Zeit besser investiert als in den Wochen seit jenem Facebook-Beitrag, dabei war es meine ursprüngliche Absicht, andere zu mehr Bewusstsein anzuregen in einer Zeit, die für manche – auch für mich – schwierig ist, die häufig von Stress bestimmt wird, und in der viel zu oft verdrängte Konflikte aufbrechen. Doch das Leben hat mir einmal mehr bewiesen, dass es nicht planbar ist, und dass es so etwas wie Weihnachtswunder tatsächlich gibt – wenn die Zeit dafür gekommen ist.

In jeder Geschichte steckt ein Körnchen Wahrheit und ein Ereignis oder eine Person aus meinem Leben. Nicht so in diesem Fall. Diese Geschichte ist 100% autobiografisch und ein exemplarisches Beispiel dafür, wie vielfältig der Zugang zur Umarmung des Lebens sein kann. Er macht selbst vor Physik nicht Halt.

Ich bin bei dir

Lehn dich zurück,
schließ deine Augen,
schalt die Gedanken ab,
lass die Welt draußen vorüber zieh'n,
hör dein Herz schlagen,
fühl den Rhythmus deines Atems,
kommt zur Ruh'!

Lehn dich an mich an,
in Gedanken.
Halt dich an mir fest,
in Gedanken.
Ich bin bei dir,
in Gedanken,
und wohin du auch gehst,
in Gedanken,
ich geh mit dir!

Bleib nicht im Gestern,
denk nicht an Morgen,
im Heute bist du hier.
Such nicht nach Fragen,
nimm die Antworten wie sie sind,
du bist nicht allein,
denn bin ich auch fern,
in Gedanken bin ich bei dir!

Der Zauberer und die Fremde

Es war einmal ein Zauberer. Naja, er war kein richtiger Zauberer, er tat nur so, als hätte er magische Kräfte. Seine Kunststücke und Tricks auf der Bühne begeisterten die Menschen weit über die Grenzen seines Landes hinaus. Er genoss es, im Rampenlicht zu stehen und den Applaus seines erstaunten Publikums zu ernten. Eine schillernde Persönlichkeit, charismatisch und eloquent, bewundert und beneidet, der alle Möglichkeiten offen und die Welt zu Füßen zu liegen schien.

Doch an manchen Abenden, lange nachdem sich der Vorhang gesenkt hatte, saß der Zauberer am Rand der leeren Bühne im Halbdunkel – und fühlte sich unendlich allein. All die Menschen, die ihm vor wenigen Stunden noch zugejubelt hatten, waren schon vor einiger Zeit gegangen. Erst in der Einsamkeit der leeren Bühne wagte er es, jene Maske abzunehmen, die er zuvor getragen hatte. Gewiss, viele seiner Tricks waren spektakulär und schier reine Magie, doch sein größtes Kunststück war es, die ganze Welt über sein wahres Wesen zu täuschen, über das, was er weder im Scheinwerferlicht noch anderswo anderen Menschen zeigen konnte. Erfolg und Ruhm haben ihren Preis, sagte er sich immer wieder, in seinem Fall wäre dieser Preis jene Maske, hinter der er verbarg, was die

Welt nicht sehen sollte. Sein Leben glich einer schillernden Lüge. Eine unter vielen Lügen, denn die Menschen und Wahrheit waren im Leben unvereinbar – so dachte der Zauberer, so hatte er es erlebt, und so hielt er es für richtig.

An den meisten Tagen fügte er sich in seine Rolle und fand Gefallen daran, wie all die Menschen, die seine Lüge liebten. Doch es gab auch die anderen Tage, an denen ihm seine Einsamkeit schmerzlich bewusst wurde. Niemand ahnte, wer er wirklich war. Konnte es eine schlimmere Form der Einsamkeit geben? Unsichtbar unter tausenden von Menschen. Verborgen hinter einer Maske, die mitunter unerträglich wurde und ihm den Atem raubte – wie an diesem Abend, als er allein auf der Bühne saß, versunken in Gedanken, die nichts gemein hatten mit all dem, was sein Publikum zum Jubeln brachte.

Plötzlich bemerkte er, dass er doch nicht allein war. Schemenhaft konnte er im Halbdunkel des Zuschauerraums eine Gestalt erkennen, die sich langsam der Bühne näherte. Als sie vor ihm stand, blickte er in das Gesicht einer fremden Frau, die er nie zuvor gesehen hatte. Eilig wollte er seine Maske aufsetzen, doch sie hielt ihn davon ab und begann mit ruhiger Stimme zu sprechen:

„Ich bin über Meere und Berge gereist, um dir zu danken, denn du hast mein Leben gerettet."

Verwundert über diese Worte entgegnete der Zauberer: *„Das kann nicht sein. Ich bin dir nie zuvor begegnet."*

Die Fremde lächelte geheimnisvoll.

„Dennoch ist es so."

Sie setzte sich neben dem Zauberer auf die staubigen Bretter der leeren Bühne und begann zu erzählen:

„Einst war ich wie viele andere auch. Ich trug eine Maske, die mir so zur Gewohnheit geworden war, dass ich darüber vergaß, was sich darunter verbarg und wer ich in Wahrheit bin. Diese Maske trennte mich nicht nur von mir selbst, sie trennte mich auch von allen anderen. Ich war unendlich einsam, bis zu jenem Tag, an dem ich aus weiter Ferne auf dich blickte und in deinen Augen erkannte, dass du eine Maske trägst – und ich auch. Ich begann mich zu erinnern, wer ich war, und was ich aufgegeben hatte für jene Maske, unter der ich kaum noch atmen konnte – und die ich daraufhin ablegte und frei wurde zu sein, wer ich bin."

Sie verstummte, und ihre Worte verklangen in der Stille rund um die beiden, doch im Geist des Zauberers wurden sie zu einem hoffnungsvollen Licht, das die Dunkelheit zurückdrängte. Sprach die Fremde die Wahrheit? Wie hatte sie erkennen können, was all die anderen nicht sahen?

„Viele wollen die Wahrheit nicht sehen", beantwortete die Fremde jene unausgesprochene Frage des Zauberers, *„und so sehr sie auch drückt, ist die ge-*

wählte Maske doch notwendig, um in dieser Welt bestehen zu können. Trotzdem darf sie niemals zur einzigen Wahrheit werden. Um dies zu vermeiden, müssen wir sie von Zeit zu Zeit ablegen, wenn wir allein sind oder im Kreis von anderen, die sind wie wir."

Erneut verstummte die Fremde, um ihren Worten Raum zum Wirken zu geben. Sie sah das Zögern in den Augen des Zauberers, seine Skepsis und das Unbehagen, das ausgelöst wurde durch jene Gedanken. Zweifelnd schüttelte er seinen Kopf, wenngleich er sich sehnlichst wünschte, es wäre möglich.

„Was du fürchtest, ist die Ungewissheit. Auch ich durchlebte diese Furcht, doch finde die Kraft zu Vertrauen. Nicht jedem, aber jenen, die um die Wahrheit wissen."

Sanft ergriff die Fremde die Hand des Zauberers.

„Aus der Ferne erblickte ich einen winzigen Teil deiner Wahrheit. Sie rettete mein Leben. Ich sitze hier neben dir ohne Maske, lege meine Wahrheit in deine Hände voller Dankbarkeit für das, was du für mich getan hast. Vertrau mir."

Der Zauberer blickte in ihre Augen, durch das Tor ihrer Seele bis tief in ihr Herz, fand darin jene Narben des Lebens, die einst wohl von bittersüßen, schillernden Lügen verdeckt worden waren; fand jene Hoffnung, die den Zweifel und die Furcht im Zaum zu halten vermochte, und auch das, was dieser Fremden die Kraft gab zu vertrauen: das Wissen um den wahren Kern eines jeden von uns – das Wissen um Liebe.

Viele Stunden saßen die beiden auf den Brettern der leeren Bühne, schweigend, ohne Masken, verharrten in einer Wahrheit, die nicht für die Welt da draußen, aber für jene bestimmt war, die um diese Wahrheit wussten – und um die Magie, die ein einzelner Augenblick entfalten kann …

… Magie, die ein Leben verändern kann.

Gewidmet in Dankbarkeit jenem Menschen, der mich meine eigene Maske erkennen ließ.

Traumbilder

Manche Menschen träumen.
Manche träumen von Stimmen,
manche von Bildern,
manche träumen von Momenten im Leben
die vergangen sind,
und manche von dem, was sie niemals sehen werden.

Manchen Menschen schlafen, um zu träumen,
manche sind einfach nur wach,
gehen mit offenen Augen durchs Leben,
sehen Bilder, sehen Träume,
sehen, was anderen verborgen bleibt.

Und manche Menschen bewahren diese Bilder,
halten kostbare Augenblicke des Lebens fest,
schaffen Träume für jene,
die nicht zu träumen vermögen,
Bilder für jene, die sehen und vergessen,
Erinnerungen, die verweilen im Strom der Zeit,
Bilder für die Ewigkeit.

Manche schaffen Bilder aus der Botschaft der Träume,
manche werden durch Bilder verleitet zum Träumen,
manche leben ihren Traum,
und manche Menschen träumen.

Die Antwort des Berges

Da saß ich nun, vollkommen verschwitzt im kühlen Wind, der scharf über die Kante schnitt. Keine Ahnung, aus welcher Himmelsrichtung der kam. Mein Orientierungssinn war bei weitem nicht so ausgeprägt, dies einordnen zu können. Ich wusste nur eines: es war Anfang August und brütend heiß im Tal. Hier oben war es deutlich kühler. Zeitig am Morgen war ich im Tal unten aufgebrochen. Nun lagen fast 2.000 Höhenmeter hinter mir. Der Aufstieg war schweißtreibend gewesen, körperlich und geistig anstrengend. Und vor allem emotional. Es war nicht der steile Anstieg, der einer endlosen Treppe mit gefühlten 100.000 Stufen gleichkam und mich an meine Grenzen gebracht hatte. Es war die Begegnung mit mir selbst.

Ich war allein unterwegs. Genauso, wie ich es gewollt hatte. Einige Abschnitte dieser Tour hatte ich bereits mehrmals in Begleitung gemeistert, doch an diesem Tag wollte ich allein die gesamte Strecke schaffen.

Schritt für Schritt, Stunde um Stunde hatte ich mich den Berg hinaufgearbeitet. Unzählige Gedanken kreisten dabei durch meinen Kopf. Erinnerungen, Befürchtungen, Ängste, Probleme... Und niemand war da, dem ich davon hätte berichten können. Niemand, dem ich mein Leid hätte klagen können. Niemand, der mir hätte helfen können. Ich war ganz für mich mit diesem Berg, der vor mir aufragte wie ein gigantisches Bollwerk aus grauem Felsen und hartem Stein. Aufgetürmt von der Schöpfung vor Äonen. Eine Barriere, die Welten zu trennen vermochte – oder Täler. Eine Hürde, die ich überwinden wollte - auf dem Weg zu mir selbst.

Zu Beginn meiner Wanderung, in den kühlen Morgenstunden, war ich entlang von blütendurchzogenen Wiesen aufgestiegen, auf denen Myriaden von funkelnden Tautropfen die ersten Sonnenstrahlen des Tages empfingen. Durch schattige Wälder führte mein Weg und über schroffe Felsen, die besonderes dort, wo Wasser aus der Felswand drang, mystisch glitzerten als würden sich unzählige winzige Kristalle darin befinden. Dazwischen war ich wieder allein mit meinen Gedanken und Fragen, Problemen und Sorgen. Doch der Berg verzeiht keine Unachtsamkeit. Jeder Schritt will mit Bedacht gesetzt sein, so blieb mir bald keine Zeit mehr, um zu grübeln, weder über die Vergangenheit noch die Zukunft. Ich musste zwangsläufig in der Gegenwart bleiben, wollte ich meine Tour unbeschadet überstehen.

Und nun saß ich hier oben, auf diesem schmalen Grat aus Felsen, der zu beiden Seiten steil abfiel und nach wenigen Metern von spärlichen Grasbüscheln bewachsen war. Ich saß auf der Grenze zwischen zwei Tälern, zwei Welten, zwischen Vergangenheit und Zukunft. Hinter mir lag ein beschwerlicher Weg voller Stolpersteine und Fehltritte, was würde vor mir liegen? Der perfekte Ort, um über sich selbst und das Leben nachzudenken.

Rund um mich breiteten die Alpen ihr grandioses Panorama aus. Schneebedeckte Gipfel unter strahlendblauem Himmel soweit meine Augen zu schauen vermochten. Kein einziges Wölkchen. Kein Mensch oder etwas von Menschenhand Geschaffenes. Nur die Silhouette eines Raubvogels zog hoch über mir ihre Kreise in der Thermik. Es war ein unvergleichlicher Anblick. Freiheit pur.

Ich war am Ziel. War ich am Ziel? An welchem Ziel? Antworten wollte ich auf meinem Marsch finden, über Verschiedenes nachdenken, doch nun, hier oben angekommen, schienen all die Probleme, die mich im Tal unten seit langem beschäftigt hatten, belanglos und klein. So klein wie ich selbst. Inmitten dieser Gipfelwelt wurde mir meine eigene Bedeutungslosigkeit bewusst. Unten im Tal drehte sich alles darum, wer ich war, was ich hatte, was ich tat. Hier oben war ich ein Nichts inmitten von Riesen, deren Herz so langsam schlug, dass meine gesamte Lebensspanne in einem einzigen Herzschlag Platz gefunden hätte, und deren Atem mich die Kühle des Windes fühlen ließ. Hier oben hatte es keine Bedeutung, wer ich war, was ich hatte oder tat. Der nächste Schritt, das zählte. Die stete Achtsamkeit, nicht schneller oder weiter zu gehen, als die eigene Kraft es erlaubte. Der Respekt vor den Gesetzen einer höheren Ordnung, die sich nicht um die egoistischen Belange des Menschen scherte. Das Annehmen des Weges, egal, wie steinig er auch auf den ersten Blick wirken mochte.

In Gedanken richtete ich all meine Fragen, die ich aus dem Tal mitgebracht hatte, an jenen Berg, der seine schneebedeckte Spitze majestätisch vor mir in den azurblauen Himmel streckte, wartete lächelnd darauf, jene Antwort zu hören, die ich längst schon gefunden hatte. Schwer und prall gefüllt war mein Rucksack zu Beginn dieser Reise gewesen. Vieles hatte ich mitgenommen und ihm Wichtigkeit beigemessen, das hier oben – und nicht nur hier - ohne jegliche Bedeutung war. Schritt für Schritt, Meter für Meter, hatte sich mein Rucksack geleert, bis ich nur noch jenes bei mir trug, das wirklich zählte.

Du willst wissen, was das war? Nun, dann steige auf einen Berg, nimm all Deine Probleme, Sorgen und Ängste in einem Rucksack mit. Wenn Du oben angekommen bist, setz Dich hin und frage den Berg. Er wird Dir antworten …

… vielleicht sogar, bevor Du noch gefragt hast.

Ein kurzer Gedanke an dich

*Wo auch immer du jetzt sein magst,
du bist nicht allein,
denn ein Gedanke von mir ist bei dir,
gibt dir Wärme, Liebe und Licht,
und ich weiß,
du fühlst,
dass ich an dich denke.*

Ich bin bei dir.

Eine andere kurze Geschichte über die Liebe

Es war einmal in einem kleinen, verschlafenen Land jenseits der Berge. Dort lebte eine Frau, in deren Garten gediehen die wunderschönsten Blumen weit und breit. Jeden Morgen, kurz nach Sonnenaufgang, ging sie in diesen Garten. Während die ersten Strahlen der Sonne sie nach der langen Nacht wärmten, schnitt sie einige Blumen hier und dort ab, kombinierte diese mit jenen. Daraus entstanden bunte Sträuße, jeder einzigartig in seiner Art und unverwechselbar. Jeder einzelne wie ein Gedicht, eine Ode an die Freude, der Gruß eines liebenden Herzens.

Wenn sie mit dieser Arbeit fertig war, machte sich die Frau auf den Weg zu einem nahe gelegenen Wochenmarkt, um ihre Sträuße zu verkaufen – und manchmal auch zu verschenken, wenn ein junger verliebter Mann nicht das Geld hat, um seiner Angebeteten einen Strauß kaufen zu können.

Ihr Weg führte die Frau an einer uralten Mauer aus Stein entlang. Sie entsprang an einer Felskante und reichte weiter als ihr Blick zu schauen vermochte, verschmolz in der Ferne mit den dunklen Bergen am Horizont. Bis zu den Wolken schien diese Mauer empor zu ragen. Niemand hatte sie jemals überwunden. Keiner wusste davon zu berichten, was wohl auf der anderen Seite war. Vom Anbeginn an trennte sie unverrückbar das kleine, verschlafene Land von dem Unbekannten auf der anderen Seite. Manche fürchteten diese Mauer, vermuteten böse Gestalten auf der anderen Seite. Doch für die Blumenfrau war es nur ein Gebilde aus Stein in unterschiedlichsten Farben. Mal grau und dunkel. Mal rötlich marmoriert. Mal beige und spröde. Mal silbrig glänzend. Hin und wieder siedelten sich kleinste Pflänzchen auf den Vertiefungen im Stein an. Manche von ihnen brachten zierliche Blüten in violett, weiß und gelb hervor, besonders im Frühjahr, wenn das Leben nach dem langen, kalten Winter in seiner ganzen Pracht und Kraft zurückkehrte. Im Sommer turnten Grillen zirpend über das Monument und hüllten es in ihre ganz eigene Klangwolke, begleitet von dem Duft wilden Thymians, der sich in manchen Ritzen angesiedelt hatte und seine zart-rosa Blüten lockten leuchtend blaue Schmetterlinge an.

An einem dieser Sommertage, als die Blumenfrau wieder einmal die Mauer entlanglief, entdeckte sie ein winziges Stückchen Papier, das in einem Spalt zwischen zwei großen Felsblöcken steckte. Sie wurde neugierig, blieb stehen und stellte ihren Korb mit den Blumensträußen auf das Gras am Boden. Zögerlich ergriff sie das Papier, von dem nur eine Ecke aus dem Spalt ragte. Sie zog daran, und es kam mehr und mehr davon zum Vorschein. Sie begann zu erahnen, dass jemand von der anderen Seite der Mauer es dort hinterlassen haben musste. Das Papier steckte tief in dem schmalen Spalt, der gerade so breit war, dass dieses eine Blatt hindurchpasste, doch kein Blick, um zu erspähen, was wohl auf der anderen Seite war. Das Papier war etwas vergilbt, seine Kanten leicht eingerissen und in der Mitte gefaltet. Sie öffnete das Blatt, auf dessen Innenseite eine Schrift zum Vorschein kam. Es war ein Brief. Die Frau staunte und begann zu lesen. Die Sprache war ihr vertraut, auch wenn es nicht ihre eigene war. Der Verfasser des Briefes nannte sich selbst „Wächter der Mauer". Er erzählte von seinem Leben auf der anderen Seite der Mauer, einem Leben voller Gefahren und Einsamkeit, seiner Suche nach Liebe und einem Freund.

Der Brief berührte das Herz der Frau. Sie wusste nicht, ob der Brief die Wahrheit erzählte oder nur ein harmloser Streich war, oder ob sich gar eine böse Absicht dahinter verbarg. In ihrem Kopf waren viele Fragen und Zweifel, doch ihr Herz ließ sie einen Stift in ihrer Tasche suchen und einige Worte auf das Blatt Papier schreiben. Es waren Worte des Zuspruchs, der Hoffnung und des Vertrauens, die sie unter den Brief des Wächters setzte. Einen letzten Zweifel ignorierend schob sie das gefaltete Blatt Papier zurück in den Spalt zwischen den Mauerblöcken, bis es fast vollständig verschwunden war. Dann ergriff sie ihren Korb mit den Blumensträußen und setzte ihren Weg zum Markt fort.

Den ganzen Tag über dachte die Blumenfrau an den Brief und ob es eine kluge Entscheidung gewesen war, ihn zu beantworten. Doch es war bereits geschehen und nicht mehr zu verändern. Was auch immer nun folgen würde.

Gegen Abend machte sich die Blumenfrau auf den Heimweg. Erneut ging sie entlang der Mauer, bis zu jener Stelle, an der sie zuvor am Morgen den Brief gefunden hatte. Und siehe da, wieder steckte ein Blatt Papier in dem Spalt. Es hatte eine andere Farbe. Ein neuer Brief? Sie begann zu lesen. Er war eine Antwort auf das, was sie geschrieben hatte, und er brachte sie zum Lächeln, denn ihre Worte hatten jenem auf der anderen Seite der Mauer Freude bereitet. Für einen kurzen Augenblick, für einige wenige Worte, verschwand die unüberwindliche Barriere zwischen ihren beiden Welten, waren sie einander unendlich nah, im Geiste und auf einem alten Blatt Papier. Die Blumenfrau überlegte kurz, schrieb eine neuerliche Antwort, deponierte den Brief im Mauerspalt und kehrte nach Hause zurück.

Von diesem Tag an wechselten viele Briefe zwischen der Blumenfrau und dem Wächter. Sie erzählten einander vom Leben auf ihrer jeweiligen Seite der Mauer, was sie bedrückte und was sie erfreute. Manchmal war dieses Leben schwer, und Kummer beherrschte die Gedanken der Blumenfrau, doch die Worte des Wächters schoben die dunklen Wolken in ihrem Geist beiseite und ließen den Sonnenschein in ihr Gemüt zurückkehren. Ein anderes Mal war es der Wächter, der mehr an Last zu tragen hatte als einem einzelnen je zugemutet werden sollte. Dann nahm die Blumenfrau einige der farbenprächtigen Blüten, die sie schon vor einiger Zeit zwischen die Seiten dicker Bücher gelegt hatte, um ihre Schönheit für die Ewigkeit zu bewahren. Diese Blüten waren dadurch so flach geworden, dass die Blumenfrau sie inmitten des gefalteten Briefes auf die andere Seite der Mauer senden konnte und damit verbunden ein wenig Freude aus ihrem Leben in ein anderes.

So ging es viele Wochen und Monate. Der Herbst überzog das kleine, verschlafene Land mit seiner Fülle an Farben. Einem wogenden Meer aus Bernstein gleich fügten sich die Baumwipfel dem Tanz des Windes, dessen Kühle vom nahenden Winter kündete.

Wieder einmal öffnete die Blumenfrau morgens einen Brief und diesmal erschrak sie, denn der Wächter sprach von Liebe. Sie wusste, dass dies für sie unmöglich war, denn ihr Herz gehörte dem Mann an ihrer Seite. Für sie war es stets Freundschaft gewesen, die sie mit jenem auf der anderen Seite der Mauer verband. Zum ersten Mal fühlte sie Angst in ihrem Herzen. An diesem Tag schrieb sie keine Antwort. Ihre Gedanken waren aufgewühlt und voller Unruhe. Liebe? Sie erkannte, dass sie längst schon mehr fühlte, als sie fühlen sollte. Aber das durfte nicht sein!

Am Nachmittag brachte sie einen ihrer Blumensträuße zu einer alten Lehrerin, die in ihrer Nähe wohnte, aber nicht mehr gut zu Fuß war. Doch sie hatte den Blick eines Adlers und erkannte sofort, dass etwas die Blumenfrau bedrückte. Die Lehrerin bat sie, auf eine Tasse Tee zu bleiben und erkundigte sich nach dem Grund für diesen sorgenvollen Blick. Kurz zögerte die Blumenfrau, doch der Kummer in ihrem Herzen war so groß, dass sie beschloss, davon zu berichten. So erzählte sie von ihrem Briefwechsel mit dem Wächter, von den Botschaften und das da mehr war, als sie für ihn fühlen durfte; von der Furcht, die sie seither quälte, ihr Mann könnte ihr Geheimnis erfahren. Die beiden saßen auf der Terrasse, umhüllt von den wohl letzten wärmenden Sonnenstrahlen dieses Herbstes, als die Blumenfrau mit ihrer Erzählung endete und beide im Schweigen verharrten. Die Zeit schien zum Stillstand gekommen, quälend und voller Ungewissheit jeder Gedanke, bis die alte Lehrerin erstaunt fragte:

„Liebst du denn den Mann an deiner Seite nicht mehr?"

„Mehr denn je liebe ich ihn", entgegnete die Blumenfrau, *„doch wie lange wird meine Liebe für beide reichen? Irgendwann wird sie erschöpft sein und einer oder beide werden sich von mir abwenden."*

Daraufhin begann die alte Lehrerin herzhaft zu lachen, was die Blumenfrau sichtlich irritierte.

„Es gibt in dieser Welt nur wenig, das unerschöpflich ist", sagte die Alte, *„aber ein liebendes Herz ist es mit Gewissheit. Ich beobachte dich schon eine ganze Weile. Du hast so viel Liebe zu geben, und du gibst sie schon längst, ohne es selbst zu bemerken. Du glaubst, deine Liebe reicht nur für einen Menschen? Ich sage dir, deine Liebe ist unerschöpflich. Je mehr du gibst, desto mehr kehrt zu dir zurück und desto mehr kannst du aufs Neue geben."*

„Aber dies ist eine gänzlich andere Liebe", widersprach die Blumenfrau, *„gewiss, ich liebe meine Kinder, Freunde, andere Menschen, aber nicht auf diese Weise."*

Mit einem fragenden Blick stellte die Lehrerin ihre Tasse zurück auf den Tisch, faltete bedächtig ihre Hände und legte diese auf ihren Bauch, bevor sie nur ein Wort sagte:

„Inwiefern?"

Die Blumenfrau rätselte. Inwiefern? Das war doch offensichtlich! Bevor sie noch ihren Widerspruch zum Ausdruck bringen konnte, sprach die Alte weiter:

„Worin unterscheidet sich Liebe? Lässt sie dich nicht stets das Beste für den anderen wünschen und hoffen? Bangst du nicht um jeden Menschen, den du liebst, auf dieselbe Weise? Ist es nicht stets dein Bestreben, Sorgen, Kummer und Schmerz aus ihrem Leben fernzuhalten?

Willst du nicht jeden von ihnen in Geborgenheit hüllen? Bist du nicht bereit zu geben, ohne etwas dafür zu erwarten?"

Die Blumenfrau schwieg, denn sie konnte der Wahrheit nicht widersprechen.

„Worin also unterscheidet sich Liebe?" fuhr die alte Lehrerin fort, doch es war nur eine rhetorische Frage, denn die Antwort gab sie selbst, *„es gibt keine unterschiedlichen Arten von Liebe, nur unterschiedliche Arten von Beziehungen. Liebe bleibt immer Liebe, bedingungslos in ihrem Wesen und grenzenlos in ihrem Ausmaß. So viele verstehen das nicht und machen sich ihr Leben unnötig kompliziert. Ich könnte dir unzählige Geschichten darüber berichten. Einmal zum Beispiel, das ist jetzt ungefähr zwanzig Jahre her, da kannte ich …"*

Die alte Lehrerin redete ohne Unterlass, nippte zwischendurch an ihrem Tee, doch die Blumenfrau hörte ihr längst nicht mehr zu. Ihre Gedanken verharrten in der einen – der einzigen Aussage – die für sie von Bedeutung war: Liebe bleibt immer Liebe, bedingungslos in ihrem Wesen und grenzenlos in ihrem Ausmaß.

An diesem Abend kehrte die Blumenfrau an die Mauer zurück, nahm das Blatt Papier, das dort auf sie gewartet hatte, und setzte ihre Antwort unter jene Frage, die der Wächter ihr gestellt hat: Ja, ich liebe dich, auf die eine und einzige Weise, auf die mein Herz zu lieben vermag.

Viele Briefe wechselten noch zwischen der Blumenfrau und dem Wächter hin und her, erzählten von ihren Sorgen, ihren Freuden, ihrem Leben auf der jeweiligen Seite der scheinbar unüberwindbaren Mauer.

Und wenn sie nicht gestorben sind, dann wird möglicherweise eines Tages die uralte Steinmauer unter ihrer eigenen Last in sich selbst zusammenstürzen und den Weg freigeben für Worte, die kein Blatt Papier mehr brauchen, um den anderen zu erreichen.

„Liebe bleibt immer Liebe, bedingungslos in ihrem Wesen und grenzenlos in ihrem Ausmaß. Je mehr du gibst, desto mehr kehrt zu dir zurück und desto mehr kannst du aufs Neue geben."

Irgendwo – irgendwann

Ich sah dein Gesicht
zwischen gleißendem Licht
hoch oben in der Krone eines Baumes.

Ich sah deine Augen
glitzern im dunklen Wasser
einer im Felsen verborgenen Quelle.

Ich sah deinen Körper,
der über ein Kornfeld schritt,
das sich sanft im Winde wog.

Ich spürte deine Hand
in meinem Haar –
versteckt in der Brise,
die vom Meer herüberzog.

Ich spürte deine Berührung
auf meiner Haut –
in einem Sonnenstrahl am Morgen.

Ich spürte deinen Atem,
der so nah war,
dass die Grenzen unserer Körper verschwanden.

*Ich hörte deine Stimme
aus weiter Ferne im Rauschen der Brandung,
und doch so klar wie einer Möwe Schrei.*

*Ich hörte deine Schritte
mit dem Wind vorüber zieh'n.*

*Ich hörte deine Worte,
die aus des Mondes Licht zu mir drangen.*

*Und ich frage mich,
wer du bist -
und wo ich dich finden werde -
und wann?*

*Ich weiß es nicht,
aber irgendwo und irgendwann –
wirst du da sein!*

Der Reisende

Es war einmal ein Reisender, den sein Schicksal an einen Ort weit entfernt von seiner Heimat geführt hatte. Inmitten von tausenden von Menschen, vertrauten wie fremden, fühlte er sich doch allein – und einsam, denn seine Reisen waren stets auch eine Suche gewesen. Doch er fand nicht, wonach er suchte, wonach er sich sehnte und was Worte kaum beschreiben können: die Umarmung des Lebens.

So durchstreifte er ruhelos Nacht für Nacht die Dunkelheit, verlor er mehr und mehr die Hoffnung, jemals wieder zu finden, was in den Wirren seines Lebens verloren gegangen war.

Bis eines Nachts geschah, woran er kaum noch glauben wollte. Als tiefste Dunkelheit ihn umgab während er an eine kalte Mauer gelehnt saß, erhob sich zwischen den dunklen Bergspitzen in der Ferne die Sonne aus ihrer nächtlichen Ruhe, sandte die ersten wärmenden Sonnenstrahlen eines neuen Tages über einen in den Farben von Bernstein leuchtenden Himmel in die Welt hinaus. Einer davon berührte die Hand des Suchenden, oder vielleicht war es auch die Hand einer Frau, die ihn berührte?

Als er seinen Kopf aufrichtete, sah er ein Gesicht vor sich, inmitten der weißglühenden Sonnenscheibe, umrahmt von einer Aura aus Gold, und in seinem Herzen hörte er eine Stimme:

„Ich bin bei dir. Ich war und werde immer bei dir sein, wie das Licht der Sonne. Vermag dein Blick mich nicht immer zu entdecken, so vertraue darauf, dass ich stets wiederkehre, so gewiss wie jeder Nacht ein neuer Morgen folgt."

An diesem Morgen endete die Suche des Reisenden.

Wenn Furcht Dein Herz in Finsternis hüllt, denk an einen Menschen, den Du liebst. Lächle – und Deine Liebe wird Dir den Weg aus der Dunkelheit hinausweisen, gleich einem Schmetterling, der auf einem Sonnenstrahl tanzt.

Nur ein Traum

Nicht mehr als ein Gedanke,
der uns verbindet,
nicht mehr als ein Wort,
das nie ausgesprochen,
nicht mehr als ein Traum,
irgendwo zwischen Raum und Zeit,
nicht mehr als ein Augenblick,
verloren in der Unendlichkeit,
nicht mehr – und nicht weniger,
als ein Gefühl,
als der Ursprung allen Denkens,
allen Handels und allen Seins,
nicht mehr als ein kurzer Augenblick,
ein Staubkorn im Universum,
und nicht weniger als alles,
was je war und je sein wird,
was ist und zu sein scheint,
nur eines, das uns verbindet,
in uns lebt - in uns ist,
und keines unserer Worte wird je dem gerecht,
wird je ein Bild davon zeichnen,
wird je erklären können,
was es ist,
das uns verbindet.

Vertrauen

Wie wenig braucht es doch, um einem anderen Menschen Sicherheit zu geben. Manchmal genügt ein Lächeln, so wie heute morgen, als eine Mutter im trüben Dämmerlicht mit ihrer noch sehr kleinen Tochter vor mir auf dem Zebrastreifen die Straße querte. Die Sonne hatte sich gerade erst über den Horizont erhoben, doch ihre Strahlen wurden noch vom winterlichen Nebelgrau verschluckt. Eine verschlafene Ortschaft am Land, kaum jemand unterwegs um diese Zeit, nur ein kleines Mädchen mit einer grauen Strickmütze, die von einem flauschigen Bommel gekrönt wurde, und das versuchte, Schritt zu halten mit jener, die sie über die Straße führte. Ihre Mutter schien in Gedanken und auf ihr Ziel fokussiert, die Kleine an ihrer Hand blickte mit ihren runden Augen unsicher in diese große, fremde und mitunter bedrohlich anmutende Welt. Sie blickte auch zu mir, die ich am Steuer meines Wagens hinter dem Lenkrad saß und angehalten hatte, um die beiden passieren zu lassen. Die Kleine sah mein Lächeln und erwiderte es freudestrahlend. Sie reagierte einfach auf das, was sie wahrgenommen hatte. Vielleicht wurde ihre kleine Welt genau in diesem Augenblick ein Stückchen größer … und ein wenig vertrauter?

Wenn die Sonne den Horizont berührt II

Still dir vor wie es ist,
wenn die Sonne den Horizont berührt,
wenn glühender Stahl in Wasser taucht,
wenn Schnee in Feuer fällt,
wenn deine Hand meinen Körper berührt.

Still dir vor, wie es ist,
wenn die Nacht den Tag umfasst,
wenn der Mond die Sonne verdeckt,
wenn sanfte Wärme dich einhüllt,
wenn mein Körper an deinem ruht.

Still dir vor, wie es ist,
wenn das Meer erstarrt,
wenn die Zeit zum Stillstand kommt,
wenn die Einsamkeit nicht geht,
wenn du nicht bei mir bist.

Still dir vor, wie es ist,
wenn du wiederkehrst,
wenn dein Blick auf meinen trifft,
wenn deine Seele, die meine spürt,
wenn die Sonne den Horizont berührt.

Eine philosophische Panne

Es war einmal eine nicht mehr ganz junge Frau. Eine Suchende, fast schon eine Getriebene. Im Laufe ihres Lebens hatte sie viel gelesen, eine Menge Seminare und Vorträge besucht. Jede Antwort, die sie dabei gefunden hatte, warf für sie neue Fragen auf. Fast schien es, als würde ihre Suche sie nie an ein Ziel führen ... so wie diese Straße, auf der sie an diesem Nachmittag im Spätsommer unterwegs war. Das schmale, graue Asphaltband wand sich schlängelnd zwischen den sanften Hügeln durch die menschenleere Landschaft. Ab und an ein einsamer Baum am Straßenrand oder kleine Baumgruppen etwas weiter entfernt im Hintergrund, mehr war nicht zu sehen. Abgeerntete Felder mit Getreidestoppeln oder Äcker mit kugelrunden, orangefarbenen Kürbissen, die vom nahenden Ende des Sommers kündeten.

Die Suchende war – wie meistens – in Gedanken, während sie ihren Wagen ihrem Ziel entgegensteuerte. Ein Blick auf die Uhr am Armaturenbrett ließ sie angestrengt die Stirn runzeln. Sie war spät dran. Die Kurvenlage mahnte zu achtsamer Fahrweise, aber sie war bereits spät dran, und wollte keinesfalls zu spät kommen. Der Termin war sehr wichtig für sie, deshalb drückte ihr rechter Fuß nun etwas fester auf das Gaspedal. Der

Wagen beschleunigte auf der Steigung, das Brummen des Motors wurde wuchtiger, als plötzlich dunkler Rauch unter der Motorhaube hervor qualmte. Auch das noch, dachte die Frau bei sich, ausgerechnet jetzt! Der Qualm wurde dichter, begann ihr die Sicht zu rauben. Bitte nur noch diesen einen Hügel, flehte sie gedanklich den sichtlich gestressten Motor an, und tatsächlich, der Wagen schaffte es noch bis auf den Hügelkamm. In der Senke vor sich konnte sie eine Tankstelle erkennen. Erleichtert kuppelt sie aus und ihr Wagen rollte samt wehender Rauchfahne den Hügel hinab, kam dampfend vor den Zapfsäulen zum Stehen. Sie stellte den Motor ab, legte ihre Stirn zwischen ihren Händen aufs Lenkrad und schnaufte kurz durch. Wo auch immer sie gelandet war, pünktlich würde sie es zu ihrem Termin wohl nicht mehr schaffen. Daran war nichts mehr zu ändern.

Neben dem kleinen Tankstellenhäuschen stand eine Art Schuppen, der auch schon bessere Zeiten gesehen hatte. Die Fassade war ausgeblichen. Manche der ehemals bunten Werbetafeln stammten wohl aus dem letzten Jahrtausend. Ob diese damit jünger oder älter waren, als die Handvoll Autos, die auf dem weitläufigen Gelände herumstanden, das wollte sie gar nicht näher ergründen. Offensichtlich war sie in einer Art „Zeitkapsel" gelandet, denn alles hier machte den Eindruck, als wäre sie an einen Ort ihrer Kindheit zurückgekehrt. Aus dem Schuppen drang eine Art von Musik, die sie lange nicht mehr gehört hatte: Bill Haley. Rock'n Roll aus einer längst vergangenen Epoche. Aus dem Schatten des Schuppens lösten sich die Umrisse einer Person. Hoffentlich jemand, der etwas von Autos versteht, dachte sie und stieg aus.

Ein großer, stämmiger Mann mit Vollbart kam in ölverschmierter Arbeitskluft gemächlich auf sie zu. Eile schien er nicht zu kennen. Irgendwie wirkte er wie ein Relikt einer anderen Zeit, das perfekt an diesen pittoresken Ort passte. Immerhin stellte er sich mit wenigen Worten als Mechaniker vor. Glück im Unglück, dachte die Frau bei sich und begann, hektisch zu erzählen, was geschehen war und dass sie dringend weiterfahren müsste. Wie sie allerdings feststellen musste, ließ sich die Arbeitsweise des Mechanikers offenbar nicht durch ihre Hektik beschleunigen.

Zuerst öffnete er seelenruhig die Motorhaube, aus der eine stinkende, grauschwarze Rauchwolke entwich, um anschließend jede Schraube im Motorblock zu inspizieren. Zugegeben, sie hatte wenig Ahnung von Motoren, aber so viele Möglichkeiten konnte es ja nicht geben, was den Qualm verursachte, dessen war sich die Suchende sicher. Der Mechaniker war die Ruhe in Person, und sie wurde immer unruhiger.

„Hören Sie, ich muss dringend weiter. Kriegen Sie den Wagen schnell wieder flott?"

Ohne seinen Kopf zu heben, antwortete er mit einem Kommentar in der Art von: *„Nur keine Hektik"*, den sie wiederum mit einem ausführlichen Redeschwall konterte, in dem sie schilderte, dass sie auf dem Weg zu einem äußerst wichtigen Seminar war, welches wenige Kilometer weiter in einem entlegenen Anwesen stattfand. Man konnte den Eindruck gewinnen, ihr Leben hinge davon ab, pünktlich an jenen Ort zu gelangen.

Nach einer Weile hob der Mechaniker endlich seinen Kopf, blickte die Frau musternd an, um anschließend festzustellen:

„Der Ölstand ist viel zu niedrig. Genau genommen ist da kein Öl mehr drin."

Ölstand? Die Suchende interessierte sich nicht für den Ölstand, sondern für ein Seminar von existenzieller Bedeutung, was sie unmissverständlich klarstellte.

„Mag sein", erwiderte der Mechaniker nüchtern, *„hättest du dich allerdings mehr für den Ölstand interessiert, wärst du jetzt vermutlich schon dort."*

Die Frau ärgerte sich über seine freche Antwort. Der lockere Umgang mit dem „Du" war in manchen ländlichen Gegenden an der Tagesordnung, das konnte sie noch tolerieren, aber nicht die Kritik an ihren Prioritäten.

„Ich muss schnellstens dort hin! Jede Minute, die ich nicht dort bin, versäume ich Informationen, die mich weiterbringen können."

Bevor er seinen Kopf wieder unter die Motorhaube steckte, zuckte der Mechaniker mit den Schultern und stellte pragmatisch fest:

„Ausreichend Motoröl hätte dich mit Sicherheit weitergebracht."

Auch wenn es ihr gar nicht in den Kram passte, er hatte wohl Recht. Dass ihr Wagen liegen geblieben war, dafür war sie selbst verantwortlich, das konnte sie zwar vordergründig leugnen, aber es war so. Seufzend ergab sie sich also in ihr offenbar unabwendbares Schicksal und ließ den Mechaniker seine Arbeit tun.

Vor der Scheune lag ein Stapel alter Holzpaletten. Sie setzte sich auf das ergraute Holz, schloss ihre Augen, fühlte die wärmenden Sonnenstrahlen auf ihrem Körper und versuchte, ihre innere Hektik und aufgewühlten Gedanken zu beruhigen, während aus der Scheune der Rhythmus von **„Hit the Road Jack"** tönte. Ray Charles – dieser Ort war definitiv in der Vergangenheit stehengeblieben, aber irgendwie verströmte er auch einen nicht erklärlichen Charme. Für einen Augenblick versank sie in Zeitlosigkeit, ehe ein metallisches Scheppern sie aufschrecken ließ. Sie blinzelte gegen das Sonnenlicht. Der Mechaniker hatte eine Kiste mit Werkzeug umgeworfen. Ob er ihren Wagen wieder flottbekäme? Zweifel regten sich, doch die Suchende schob diese beiseite und kehrte in ihre Gedankenwelt zurück. Sie hatte schon viele Seminare besucht, doch von diesem versprach sie sich endlich jene Antwort zu finden, die sich bislang vor ihr verborgen hatte: den Schlüssel zum Glück!

Nach einer Weile kam der Mechaniker zu ihr. In seinen Händen hielt er ein ölverschmiertes Teil, das zur Hälfte in einen schwarzbraunen Fetzen eingewickelt war.

„Zeit für eine Pause", erklärte er gelassen und entkräftete ihren entsetzten Blick mit der Bemerkung: *„Mittags machen die dort auch Pause, da versäumst du nichts."*

Die Überzeugungskraft seiner Worte verhinderte einen neuerlichen Redeschwall ihrerseits.

Der Mechaniker verschwand in der Scheune und kehrte nach wenigen Minuten mit zwei Wasserflaschen, einem Laib Brot und einer Stange Wurst zurück. Ehe die Suchende noch darüber nachdenken konnte, setzte er sich neben sie, zückte ein Messer und begann das Brot in Scheiben zu schneiden. Zum ersten Mal sah sie tatsächlich in sein sonnengebräuntes Gesicht, ohne auf ihre gerade aktuellen Probleme fokussiert zu sein. Er hatte strahlend blaue Augen, ein wenig Schmiere auf seiner Stirn und in seinem dunklen Haar zeigten sich etliche graue Strähnen. Sein Blick verströmte eine umfassende Ruhe, etwas, das sie für sich selbst gerne gefunden hätte. Schließlich fragte der Mechaniker: *„Was willst du eigentlich bei dem Guru da oben am Berg?"*

Sie zögerte mit ihrer Antwort. Seine Betonung des Wortes „Guru" ließ wenig Begeisterung erkennen. *„Eine Unterweisung für ein Leben im Einklang mit dem Universum."*

Kaum waren diese Worte ausgesprochen, machte sich Unbehagen in ihr bereit. Mit jeder Reaktion hatte sie gerechnet, vor allem damit, ausgelacht zu werden, doch der Mechaniker lächelte nur: *„Und das willst du bei dem alten Kauz da oben lernen?"*

„Natürlich!" erwiderte sie impulsiv. *„Das kann man nur bei jemandem lernen, der den Weg bereits gegangen ist. Deshalb will ich bei diesem Meister lernen."*

Auf diese Offenbarung folgte zu den Klängen von Bruce Springsteens **„Born to Run"** ein schnelles Frage-Antwort-Spiel zwischen den beiden

„Meister?" grinste der Mechaniker, *„Der Alte da oben ist einiges, aber ein Meister?"*

„Natürlich ist er das."

„Okay, dann ich will dich jetzt mal was fragen: Wie wurde er denn ein Meister?"

„Er hat bei einem anderen Meister gelernt, bis er selbst zu einem wurde."

„Und wie wurde dieser andere zum Meister?"

„Auch der hat bei einem Meister gelernt."

„Okay, einer lernt vom anderen. Aber – von wem hat der erste in der Reihe gelernt?"

Die Suchende verstummte. Die Antwort auf diese Frage war schwierig. Schließlich klangen ihre Worte mehr wie eine Ahnung denn eine Feststellung: *„Der erste war anders."*

Der Mechaniker runzelte seine ölverschmierte Stirn, und setzte ein *„Inwiefern?"* nach.

Ihre kurz zuvor noch äußerst lebendige Diskussion strandete in schweigendem Stillstand. Der Mechaniker kaute an einem Stück Brot, während zeitgleich die Gedanken der Suchenden rotierten in dem krampfhaften Bestreben, eine schlaue Antwort auf diese Frage zu ersinnen. Schließlich kapitulierte sie mit einem gereizten: *„Keine Ahnung. Es muss so gewesen sein."*

Sie begann sich zu fragen, wie alt der Mechaniker eigentlich war. Irgendwie konnte sie ihn nicht einschätzen. In seinen Augen war ein spitzbübisches Funkeln.

„Komm mal mit, ich zeige dir einen wahren Meister des Lebens."

Die beiden standen auf und gingen um die Scheue herum. Dahinter erstreckte sich eine weitläufige Wiese, auf der etliche Apfelbäume mit ihren rotbackigen Früchten standen. Grillen zirpten.

Bunte Schmetterlinge tanzten über die leuchtend weißen Blüten der wilden Margeriten im kniehohen Gras. An der Rückwand der Scheune lehnte eine Holzbank und darauf lag ausgestreckt eine rote Katze, die es offensichtlich genoss, sich das Fell in der Sonne zu wärmen.

„Das ist Meister Diego", sagte der Mechaniker bedächtig. Diego würdigte die beiden keines Blickes, aber die Suchende starrte fragend abwechselnd auf den Kater und auf ihren Begleiter.

„Diego lebt im Einvernehmen mit dem Universum, erfüllt die ihm zugedachte Rolle, ohne darüber nachzudenken. Er zweifelt nicht an sich selbst, hält sich weder für zu dünn noch zu dick, zu jung oder zu alt, oder sonst irgendwie mangelhaft. Er muss sich nicht selbst finden, denn er hat sich selbst nie verloren. Er ist einfach, wer er ist."

Als würde er die Worte des Mechanikers bekräftigen wollen, streckte Diego alle Viere von sich, gähnte gleich einem Löwen, legte kurz die Ohren an und blinzelte die beiden verstohlen mit seinen grünen Augen an. Dann rollte er sich auf den Rücken und forderte offenkundig ein, gestreichelt zu werden – erfolgreich. Der Mechaniker begann, Diego das Fell zu kraulen.

„Niemand hat ihm beigebracht, er selbst zu sein. Er folgt einfach seiner Natur. Die Natur ist einfach. Wir Menschen machen sie kompliziert, weil wir verlernt haben, zu sehen, zu hören, zu verstehen. Diego lebt einfach im Hier und Jetzt. Er hat weder Depressionen

noch Verspannungen. Dieser Kater hat mich vieles gelehrt, mehr als alle Menschen, die mir begegnet sind."

Während er Diego streichelte, erzählte der Mechaniker, wie er an diesen Ort gekommen war, dass er einst – wie die Suchende – im hektischen Alltag der Großstadt lebte, dem Traum von Karriere nachhetzte, gleich einem Hamster im Laufrad, Tag für Tag, Monat für Monat, Jahr für Jahr …

„… doch wann immer ich die Karotte vor meiner Nase erreicht hatte, war sie eingeschrumpelt und schmeckte schal. Dafür erblickte ich die nächste Karotte, der ich nachlaufen konnte – wie ein Getriebener, der nie sein Ziel erreicht."

Eines Tages landete er an diesem Ort, an dem er zum ersten Mal das Gefühl hatte, in tiefer Ruhe im Augenblick zu verweilen. Daraufhin kehrte er dem Hamsterrad den Rücken zu und entschied sich dafür, seinen Lebensmittelpunkt hierher zu verlagern, zu dieser alten Tankstelle, um hier Autos aus einem anderen Jahrtausend zu reparieren. Kein Terminkalender bestimmte mehr sein Leben, kein durch getakteter Arbeitsalltag, kein Streben nach mehr, sondern ein Verweilen im Sein. Seit jenem Tag sei er so glücklich wie nie zuvor in seinem Leben. Die Suchende sah ihn schweigend an, lauschte seinen Worten, tauchte ein in die Ruhe, die ihn umgab.

Nach einer Weile machte sich der Mechaniker auf, weiter an dem Wagen zu arbeiten. Die Suchende blieb hinter der Scheune, spazierte gedankenverloren über die Wiese zwischen den Apfelbäumen, durch deren Äste hin und wieder die Sonne aufblitzte. Sie setzte sich in den Schatten eines Baumes, lehnte sich an den braunen Stamm und schloss die Augen, öffnete ihr Bewusstsein für das, was sie umgab. Das Zirpen der Grillen. Der Duft von frisch gemähtem Heu, der mit der sanften Brise vorbeizog. Die wärmenden Strahlen der Sonne auf ihrem Körper. Das Rascheln der Blätter über ihr. Sie verweilte im Augenblick, atmete tief ein und spürte das Leben, das durch ihren Körper strömte, als etwas sie am Arm anstupste, etwas – oder jemand - der verräterisch schnurrte: Diego. Der rote Kater mit den grünen Augen ließ sich neben ihr im Gras nieder. Die Suchende lächelte, streichelte sanft über das seidige Fell und lauschte den Unterweisungen von Diego über die Kunst, einfach nur im Hier und Jetzt zu sein, kein Grübeln über die Vergangenheit und kein Zweifeln an der Zukunft, sich voll und ganz der Gegenwart hinzugeben.

Die Zeit entschwand aus ihrer Wahrnehmung. Irgendwann an diesem Tag kam der Mechaniker zu dem Apfelbaum, an dem die nun nicht mehr Suchende lehnte, und verkündete, dass ihr Wagen wieder fahrbereit sei. Sie antwortete nur:

„Ich hab's nicht eilig."

Darauf setzte er sich zu ihr, lauschte der Sinfonie aus diffusem Summen und Surren rund um sie, ließ sich von der bunten Vielfalt an Blüten verzaubern, die sich im warmen Licht dieses Spätsommernachmittags über die Wiese ausbreiteten, wie die sanfte Brise, die zwischen den Apfelbäumen hindurchstreifte, …

… und wenn die Hektik des Alltags diesen Ort jenseits der Zeit bis heute vergessen hat, dann verweilen die beiden noch immer dort, glücklich im Augenblick und im Einklang mit ihrem Sein.

Neuer Tag, neue Chance.

Es heißt, am Ende unseres Lebens bereuen wir vor allem, was wir nicht getan haben. Nun, an manchen Tagen bereue ich, was ich getan habe und nicht mehr ändern kann. Aber wir sind nun einmal Menschen. Perfekt darin, unvollkommen zu sein.

Fehler gehören zum Leben.

Neuer Tag, neue Chance …

Gedanken

*Gedanken sind wie Wolken –
gib jeder von ihnen einen Namen
und sie werden um die Welt reisen,
und jeder, der zu ihnen aufsieht,
wird wissen, wer du bist –
und an dich denken.
Gedanken sind wie Sternschnuppen,
sie vergehen, um zu sein –
und du bist, um zu vergehen.
Gedanken sind wie die Wellen des Meeres –
immer in Bewegung,
ewig auf Reisen,
und man weiß nie,
wo die eine beginnt
und die andere endet,
ruhelos wie wir selbst –
und unser Denken.
Gedanken sind wie Regentropfen,
wie Sandkörner, wie Schneekristalle,
ungezählt, unbenannt,
und doch formen sie alles,
was uns umgibt,
bestimmen, was wir tun,
entscheiden, wohin wir gehen,
und manchmal auch -
was wir fühlen.*

Der Löwe und die Rose

Es war einmal, vor gar nicht allzu langer Zeit, in einem Land jenseits des Horizontes, dessen Ebenen sich weithin in der glühenden Hitze der Sonne erstreckten und von dichtem Gras bedeckt waren. Durch diese schier endlose Savanne trottete eines Tages ein Löwe. Mächtig und von furchteinflößender Gestalt war er, so dass viele Bewohner der Savanne sich vor ihm verbargen. Doch er war nicht an ihnen interessant. Sein Ziel lag weit in der Ferne, jenseits dieser Steppe, hinter der steinigen Wüste. Es galt jene seines Volkes zurückzuholen, die sich dorthin verirrt hatten und vermisst wurden. Der Löwe wusste, dass ihm auf dem bevorstehenden Weg viele Gefahren begegnen würden, doch er fürchtete keine von ihnen, keine Gefahr von außen – er fürchtete etwas anderes, als er am Rande der Steppe innehielt, er fürchtete auf seinem Weg das Wertvollste, das er besaß, zu verlieren. Vor ihm lag die steinige Wüste, glühend heiß, trocken, kein Ort zum Leben.

Direkt neben dem Löwen wuchs eine Hecke voller spitzer Dornen. Wehrhaft und abweisend stand sie direkt an der Grenze zwischen Steppe und Wüste. Vereinzelt zeigten sich zaghafte Blüten zwischen den mit Dornen übersäten Ranken. Niemand würde sich aus freien Stücken in die Nähe dieser Hecke wagen. Vielleicht, so überlegte der

Löwe, könnte in dieser Dornenhecke Schutz finden, was er nicht verlieren wollte: sein liebendes Herz. Unterhalb dieser unzähligen Spitzen wäre es in Sicherheit, wie hinter einem stacheligen Schutzschild. Dennoch, der Löwe wusste auch, dass seine Reise durch die Wüste und zurück lange andauern konnte, während die Hecke weiterwuchs, ihre Ranken länger wurden und ihre Dornen irgendwann auch sein Herz erreichen und sich hineinbohren würden. Es war schon so oft verletzt worden. Würde es die Kraft haben, eine weitere Wunde zu heilen? Seine Überlegungen schwanken zwischen Vertrauen und Zweifel, als eine sanfte Brise anhob, durch die wenigen Blätter und Blüten der Dornenhecke strich und eine leise Stimme ins Ohr des Löwen flüsterte: *„Übergibst du dein Herz meiner Obhut, werde ich es hüten wie das meine."* Waren es Worte der Wahrheit? Oder der Täuschung? Der Löwe vermochte nicht es zu unterscheiden, dennoch entschied er sich sein Herz im Schutz der Dornenhecke zurückzulassen, bevor er seinen Weg in die Wüste fortsetzte.

Die Zeit verging. Aus Tagen wurden Wochen. Aus Wochen wurden Monate.

Eines Tages kehrte der Löwe zurück. Er hatte die Vermissten gefunden und sicher zurückgeleitet. Nun, nachdem die Gefahren der Wüste hinter ihm lagen, wollte er sein Herz wieder an sich nehmen. Doch das war gar nicht so einfach. Die Dornenhecke schien verschwunden. Erst nach einiger Zeit fand er sie wieder, aber sie hatte sich verändert. Die spitzen Dornen wurden von unzähligen zartrosa-weiß leuchtenden Blüten überdeckt. Unterhalb von all dieser Schönheit erblickte er sein Herz - unversehrt. Kein einziger Dorn hatte es verletzt, sie hatten sich alle abgewandt und nach außen gerichtet. Staunend verharrte der Löwe, denn auch wenn er es erhofft hatte, so hatte er doch stets auch gezweifelt, ob den Worten der Dornenhecke zu trauen war. War diese Wandlung ein Versuch, ihn zu täuschen und sein Herz für sich zu behalten, indem sie es nun vor ihm verbarg?

Abermals strich eine sanfte Brise durch die nun blütenübersäten Ranken der Hecke und trug eine Botschaft mit sich: *„Warum zweifelst du? Ich sagte doch, ich würde dein Herz hüten als wäre es das meine. Meine Dornen hätten es gewiss zu schützen vermocht, doch früher oder später wäre jemand gekommen, der dein liebendes Herz begehrt hätte und sich von meinen Dornen nicht abhalten ließe. So umgab ich dein Herz mit meinen schönsten Blüten und verbarg es vor den Blicken jener, die nur mit den Augen sehen. Mancher von ihnen pflückte einige meiner Blüten, doch stets ließ ich neue nachwachsen. Keiner von ihnen entdeckte je dein Herz, außer denen, die mit ihren Herzen auf mich blickten. Sie sahen, was ich schützend verbarg, lächelten und zogen weiter ihrer Wege."*

Verwundert über dieses selbstlose Vorgehen schüttelte der Löwe seinen Kopf. Wenn diese Dornenhecke wunderschöne Blüten hervorbringen konnte, warum hatte sie diese solange verborgen gehalten? Warum der Welt ein Gesicht gezeigt, das jeden Abstand nehmen ließ? Warum nahm sie den Verlust des eigenen hin, um zu bewahren, was er ihr anvertraut hatte? Seine Fragen waren stumm, die Antwort darauf ein Flüstern im Wind: *„Weil dein liebendes Herz mich daran erinnert hat, was ich fast schon vergessen hatte: wer ich in Wahrheit bin. Deine Liebe erweckte auch die meine. Aus deinem Vertrauen in mich erwuchs die Kraft, für jede Blüte, die ich verlor, zwei neue erblühen zu lassen."*

Während die glühende Hitze des Tages langsam von den länger werdenden Schatten verdrängt wurde und im Dämmerlicht der einbrechenden Nacht Fantasie und Realität miteinander verschmolzen, erfasste ein Windhauch tausende der duftenden, zartrosa Blütenblätter, nahm sie mit sich, trug sie wie tänzelnde Schneeflocken durch den blauschwarzen Nachthimmel, bis sie sich schließlich sanft um den Körper des Löwen legten, wie die Umarmung einer Frau, deren Blick in den dunklen Augen des Löwen ruhte, der in Wahrheit … nein, das wird noch nicht verraten, denn der Löwe und die Rose leben noch, und an ihrer Geschichte wird noch geschrieben, in diesem Augenblick, irgendwo da draußen, in einem Land jenseits des Horizonts.

Ich denke an dich

*Ich denke an dich wie an einen Frühlingstag,
die ersten warmen Sonnenstrahlen des Jahres,
das junge Grün der Blätter und Knospen,
den Hauch von ewiger Jugend in der Luft.*

*Ich denke an dich wie an einen Sommermorgen,
eingehüllt in Wärme und Licht,
an das Rauschen der Brandung,
das Glitzern und Funkeln der Wellen,
den Duft des Meeres.*

*Ich denke an dich wie an einen Spätsommerabend,
an warmes, rotgoldenes Licht,
an den Duft von frisch gemähtem Heu,
an das Zirpen der Grillen.*

*Ich denke an dich wie an einen
Spaziergang im Herbst,
an die letzten wärmenden Sonnenstrahlen
vor dem Winter,
an buntes Laub,
an Wassertropfen, die an Spinnweben hängen.*

*Ich denke an dich wie an einen klaren Wintertag,
an tief verschneite Hügel und Wälder,
eingetaucht in schwere Nebel,
an Bergspitzen, die sich darüber erheben*

*und im Sonnenlicht erstrahlen,
an Eiszapfen, die wie Juwelen funkeln.*

Ich denke an dich.

*Ich denke an dich wie an einen Freund,
der immer da war, wenn ich ihn brauchte,
an die Schulter zum Anlehnen,
an jemanden, der meine Tränen trocknete.*

*Ich denke an dich wie an einen Gefährten,
mit dem ich einen langen Weg gegangen bin,
und vieles erlebt habe,
an gemeinsame Erinnerungen,
an lange Tage und lange Nächte.*

*Ich denke an dich wie an den Menschen,
mit dem zu teilen ich alles bereit bin,
dem mein Herz gehört,
und vielleicht für immer gehören wird,
den Menschen,
den ich liebe.*

Ich denke an dich.

Ich denke einfach nur an dich.

Gestern – heute – morgen.

Und ich denke jetzt an dich.

Im Einklang mit mir selbst

Als kleines Mädchen schlich ich mich manchmal in das Zimmer meines älteren Bruders, wenn er nicht da war. Stundenlang betrachtete ich die Vertäfelung aus Lärchenholz an den Wänden, die im Laufe der Jahre einen satten, rötlichen Farbton angenommen hatte. Mein Blick erforschte die geheimnisvolle Welt der Holzmaserung, ergründete das Spiel aus Jahreslinien und jenen rundlichen Stellen, an denen einst Äste aus dem Stamm ragten. Ich versuchte zu verstehen. Die Welt hier drinnen, da draußen, mich selbst. Und ich suchte dich.

Viele Jahre später saß ich auf meiner Fensterbank vor dem geöffneten Fenster, lauschte dem Regen, der auf das Vordach unter mir prasselte, gleichmäßig, rhythmisch, wie mein Herzschlag. Meine Sinne spähten in die Welt hinaus, doch du bliebst mir verborgen, weit entfernt und schier unerreichbar. Ich sehnte mich nach dir.

Heute steige ich nach einem langen, arbeitsreichen Tag in mein Auto. Längst ist es dunkel geworden in der Stadt, während ich im abendlichen Stau eine unter vielen bin, die der Stadt ihren Rücken zukehren. Im Schritttempo bewege ich mich zwischen den Zahllosen, treibend in einem Meer aus Lichtern, unterwegs auf der Straße der Rastlosen, als ich deine Hände spüre, die sich sanft auf meine Schultern legen. Lächelnd lehne ich meinen Kopf zurück, lasse mich in deine Umarmung fallen, bin noch unterwegs, und doch längst angekommen bei dir.

Du bestimmst meinen Atem, den Schlag meines Herzens, bist in meinem Denken und Fühlen. Und ich bin in dir. Im Einklang mit mir selbst. Geborgen in der Umarmung des Lebens.

Geisterstunde

*Ich frage mich,
was du empfindest,
wenn du mich berührst.*

*Ich frage mich,
was du fühlst.*

*Ich frage mich,
was du in mir siehst
und was du von mir erwartest?*

*Ich frage mich,
ob du wirklich bleiben willst
oder ob du gerne gehst?*

*Ich frage mich,
wovor du Angst hast.*

*Ich frage mich,
warum du zu mir hältst.*

*Und ich frage mich,
ob es dich verletzen würde,
wenn ein anderer deinen Platz einnimmt?*

*Unzählige Fragen geistern durch meinen Kopf,
und selbst wenn ich die Antworten kenne,
so weiß ich doch nicht,
ob ich damit auch die Wahrheit kenne.*

Du und ich,
Tag und Nacht,
Licht und Schatten,
Anfang und Ende,
unvereinbare Gegensätze,
verschieden und doch auf eine Art gleich,
wie die Hälften eines Ganzen.

Ohne den anderen fällt es schwer
sich selbst zu erkennen.

Worte geistern durch den Raum,
Gedanken und Gefühle fangen an
sich in der Atmosphäre aufzulösen,
und ich weiß nicht,
ob mein Körper endet wo die Mauer beginnt,
oder ob mein Geist sie durchdringt,
in seinem Bestreben bei dir zu sein.

Du hast meine Seele berührt wie das Morgenlicht,
du hast meinen Geist entführt
in einen Traum fern jeder Hoffnung,
du hast meinen Körper erweckt,
der solange schlief –
und nichts von alledem
habe ich dir je erzählt,
habe ich dir je gedankt,
und werde ich nie vergessen.

*Zur Geisterstunde –
nachts –
wenn die Stille die Welt umfängt,
und nur die Nacht und der Wind
meinen Worten lauschen,
werden Gedanken zu Kobolden,
die sich aus der Stille erheben,
und in Luftschlössern tanzen,
dann lassen Worte die Welt erbeben,
und mein Geist fängt an
aus meinem Körper zu schweben,
auf das noch nicht einmal Meere vermögen
zwischen dir und mir zu stehen.*

*Ich trage dein Bild in meinem Herzen,
und ist mein Geist jetzt nicht bei mir,
so ist er vielleicht bei dir?!*

Lucy

Ich muss heute noch lächeln, wenn ich an Lucy denke. Nach wie vor fällt es mir schwer, die passenden Worte zu finden, die beschreiben könnten, was ich noch immer zu verstehen versuche.

Alles begann vor rund 20 Jahren, als wir gerade dabei waren, eine neue Wohnung im ersten Stock einer damals schon älteren Wohnhausanlage zu beziehen. Im Erdgeschoß residierte Lucy, eine ältere Dame, die ungefähr ein Jahr zuvor ihren Mann verloren hatte, und deren Tochter längst ihr eigenes Leben an einem anderen Ort führte. Lucy war … Lucy. Energiegeladen, impulsiv, gesprächig – manche würden sagen: geschwätzig. Sie hatte so viel zu erzählen, mehr als manche hören wollten, weshalb die meisten einen großen Bogen um sie machten oder an ihrer Tür vorbei schlichen.

Offiziell tat ich das auch, doch insgeheim sehnte ich mich danach, sie möge doch just in dem Augenblick ihre Tür öffnen, indem ich dabei war, die Treppe hochzusteigen. Tatsächlich geschah dies häufig, und ich fand mich in ihrem Vorzimmer mit dem alten, graugrünen Teppichboden wieder, dessen Abnutzungsspuren sie mit buntgestreiften Fleckerlteppichen kaschierte. Dort standen wir dann zumeist stundenlang, während ich ihren Erzählungen lauschte.

Lucy wurde in der Zeit zwischen den beiden Weltkriegen in Wien geboren. Ihre Kindheit wurde geprägt durch Not, Angst, Gewalt und Leid, dennoch war sie ein herzensguter Mensch. Ihre Augen strahlten vor Lebensfreude, insbesondere wenn sie über ihre Zeit in fernen Ländern erzählte, und was sie auf ihren vielen Reisen gelernt hatte. Ich liebte ihre Geschichten. Sie lieferten Antworten auf jene Fragen, die ich zuvor nie zu stellen gewagt hatte.

Manchmal, wenn ich keinen Weg mehr sah, mit meinem eigenen Leben zurecht zu kommen, klopfte ich aus freien Stücken an ihre Tür – und Lucy öffnete. An diesen Tagen landeten wir meistens auf dem schmuddeligen Sofa in ihrem Wohnzimmer, das wohl mehr Sommer erblickt hatte als ich damals, an den Ecken von zerschlissenem Stoff gesäumt und in der Mitte durchgesessen. Überhaupt waren ihr Wohnzimmer und auch die anderen Räume ihrer Wohnung wie ein Panoptikum ihres Lebens, voller Andenken und Mitbringsel, fast schon wie ein überfülltes Museum, ein wenig staubig und antiquiert, versprühten sie einen eigenbrötlerischen Charme, der seinesgleichen suchte. Und Lucy hatte Bücher! Hunderte, tausende von Büchern zu Themen, die mich brennend interessierten, denn sie versprachen Antworten auf meine Frage aller Fragen: Wie kann ich glücklich werden?

Lucy hatte im Laufe ihres Lebens Ausbildungen besucht, von denen ich nie zuvor gehört hatte. Sie hatte Wissen angesammelt, welches meine kühnste Fantasie übertraf, und das sie bereitwillig mit mir teilte. Es gab Tage, da philosophierten wir aus Spaß über das Leben, und Abende, an denen ich in Tränen versunken nicht mehr weiterwusste und Rat bei jener einholte, die stets ein offenes Ohr für mich hatte.

Von all den unzähligen Stunden und Geschichten, die Lucy mit mir teilte, veränderten drei Sätze von ihr mein Leben auf eine Weise, die ich erst heute langsam zu begreifen beginne.

Eines Tages, als ich wieder einmal mit einem Haufen Klagen und Fragen in ihrem Wohnzimmer saß, voller Zweifel und Skepsis, ob ich tun könnte, was ich hätte tun sollen … als Lucy einen Bleistift zur Hand nahm und auf die Tischplatte vor mir legte. Dann sagte sie zu mir: *„Versuche den Stift aufzuheben."*

Als ich danach griff und meine Finger den Stift erfassten, klopfte sie mir auf den Handrücken. Erstaunt blickte ich auf, doch bevor ich noch danach fragen konnte, fügte sie hinzu: *„Ich sagte, du sollst versuchen, den Stift aufzuhaben. Ich sagte nicht, du sollst es tun. Versuch es noch einmal."*

Ihre Worte lösten Stirnrunzeln bei mir aus. Zögernd griff ich erneut nach dem Bleistift, um neuerlich einen Klaps auf die Hand zu ernten.

„Was soll ich den bitte schön tun?" murrte ich schließlich genervt, aber Lucy entgegnete mit ruhiger Stimme: *„Du sollst es VERSUCHEN."*

In Zeitlupentempo näherten sich meine Finger nun dem auf der Tischplatte ruhenden Stift, während mein Blick auf Lucy gerichtet war, um abzuschätzen, ob ich denn nun in ihrem Sinne agieren würde. Als meine Finger wenige Zentimeter über dem Stift in der Luft verharrten, begann sie zu lächeln. Diesmal machte ich es offenbar richtig, aber im Grunde machte ich …

„… nichts. Wie soll ich den Stift nehmen, wenn ich nichts machen darf? Das ganze Versuchen bringt nichts." Lucy lachte. *„Genau. Versuchen bringt nichts. Mach es, oder lass es bleiben."*

Damals erkannte ich es nicht gleich, aber sie hatte mir eben jene Lektion erteilt, die auch Luke Skywalker in „Das Imperium schlägt zurück" durch Meister Yoda erhalten hatte: *„Do or do not. No try there is."* Ich wohnte auf einer Stiege mit Meisterin Lucy, und sie sollte mich noch so einiges lehren.

Eine ihrer bevorzugten Aussagen in Bezug auf Probleme war die Feststellung, dass die Menschheit vor allem mit drei Problemen konfrontiert sei: 1. Mangelnde Kommunikation, 2. Mangelnde Kommunikation und 3. (welch Überraschung) mangelnde Kommunikation. Nicht, dass wir nicht genug reden oder Nachrichten versenden – das tun wir im Überfluss – die Menschen kommunizieren zu wenig auf eine Weise, die auch Verständnis für den jeweils anderen schafft, und damit die Basis für Toleranz und Akzeptanz. Mit ihrer Wohnungstür öffnete Lucy mir auch den Eintritt in eine andere Sichtweise dieser Welt. Wenn ich schon mich selbst nicht verstehen konnte, so konnte ich dennoch lernen, die anderen zu verstehen, und

„… wer weiß? Vielleicht verbirgt sich der Schlüssel zu meinem Glück genau darin", so dachte ich zu jener Zeit.

Ganz falsch lag ich damit nicht, allerdings galt es zuvor eine Lektion von Lucy zu verstehen, die alles andere als einfach war:

„Demut bedeutet den Mut zu haben, zu dienen! Beuge dich der höheren Ordnung."

Anfangs stimmte ich vordergründig ihrer Aussage zu, doch innerlich beherrschte mich Widerstand, den ich Jahre später auch offen zeigte. In meinem Leben war ich sehr lange und sehr oft von anderen bestimmt worden, zu oft, ich wollte nie wieder fremdbestimmt werden. Und eine größere Ordnung? Welche sollte das sein? Jene, die so viel Leid und Schmerz in dieser Welt zu ließ? Mit dieser Lehre von Lucy haderte ich heftig. Anders als mit ihrer Aufforderung:

„Lern zu unterscheiden!"

Das tat ich nur allzu gerne. Unterscheiden in gut/schlecht, richtig/falsch ... darin war ich wirklich gut. In mir formte sich ein Bild der Welt, das bestehende Grenzen auflöste nur um neue zu ziehen.

Einige Jahre später übersiedelten wir erneut. Mein Kontakt zu Lucy wurde von Monat zu Monat weniger und versandete schließlich. Ihre Worte blieben jedoch in meinem Gedächtnis, wie eine Saat, die darauf wartete, vom Regen erweckt und zur Blüte gebracht zu werden.

Genau dies geschah eines Tages, als ich mich auf mein Sofa setzte und begann, eine Geschichte zu erzählen. Vielleicht war Lucy dabei an meiner Seite, wer weiß? Stunden über Stunden verbrachte ich in einer Welt, die für mich ebenso ein eigenes Universum darstellte wie das schmuddelige Wohnzimmer von Lucy, in dem man zuerst einmal aufräumen musste, um sich setzen zu können.

Doch in dieser Welt begann ich plötzlich zu verstehen: *„Lern zu unterscheiden!"* bedeutete nicht, die Welt in richtig oder falsch einzuteilen, sondern zu unterscheiden, ob meine Gedanken und Handlungen tatsächlich meine eigenen waren – oder Anpassung an meine Umwelt, Konditionierung von außen, fremdbestimmt. Manchmal macht etwas Sinn, ein anderes Mal nicht. Es ging nie um richtig oder falsch, sondern um bewusstes Wahrnehmen dessen, was da ist.

Und dann war es plötzlich da, das tiefe Verständnis dessen, was sich aus dem Wort „Demut" heraus entpuppte, wie eine Raupe, die aus ihrem Kokon krabbelte, um als Schmetterling ihre bunten Flügel zu entfalten:

„Diese Welt ist so viel mehr als du erkennen kannst. Du kannst nicht einmal mit Sicherheit sagen, ob die Gedanken in deinem Kopf deine eigenen sind oder übernommen wurden von denen, die dich aufzogen. Dein Ego will Recht haben, bestimmen, kontrollieren, beurteilen? Was ist richtig, was falsch? Hab' den Mut, nicht zu wissen, was zu tun ist, nicht jede Frage beantworten zu können. Hab den Mut, dich dem Fluss des Lebens zu überlassen, jenem endlosen Strom, der von Anbeginn an eins ums andere fügt, der uns alle bestimmt, gleich einer höheren Ordnung, größer als wir alle zusammen und doch so klein, dass kein Auge ihn je erblicken kann, nur unser Herz vermag diesen Fluss des Lebens zu spüren. Hab' den Mut, zu sein, wer du bist, wer du immer warst und immer sein wirst: Du selbst! Hab' den Mut, dich in die Umarmung des Lebens fallen zu lassen!"

Während ich diese Zeilen tippe, sitze ich auf meinem Sofa, verweile geistig in meiner Welt, erzähle Wort für Wort meine Geschichte über eine außergewöhnliche Frau, bin in Gedanken bei Lucy, fühle mich ihr wieder so nahe wie damals in ihrem vollgeräumten Wohnzimmer mit den hunderten von Büchern, den staubigen Vorhängen, dem fast schon durch gesessenem dunkelgrünen Sofa.

Könnte ich noch einmal dorthin zurückkehren und ihr erzählen, wie die Geschichte – meine Geschichte - weiterging, ich bin sicher, sie würde lächeln.

Apropos Lucy: Vielleicht erinnerst Du Dich an die alte Nachbarin in der Geschichte „Ein (un)glücklicher Zufall?" Das war Lucy. Sie lehrte mich so vieles, doch nicht alles war leicht zu verstehen oder gar zu akzeptieren. Manche Botschaften erreichen über einen kleinen „Umweg" oder eine märchenhafte Metapher schneller ihr Ziel als über inhaltlich korrekte, jedoch nüchterne Aussagen.

Die Verantwortung für sein eigenes Glück zu übernehmen, es von Erfüllungsbedingungen rundum zu entkoppeln und **sich selbst zu erlauben, glücklich zu sein, auch wenn rundum nicht alles perfekt ist***, das war und ist mein Schlüssel zum Glück.*

… und JA, auch diese Geschichte ist 100% autobiografisch.

Danke, Lucy, für alles!

Verloren im Licht

Es ist nur ein Lichtstrahl,
der sich durch einen Spalt zwängt,
um nicht an Wänden zu zerbrechen,
den Weg sucht zu bestehen,
zu sein –
um das Dunkel ringsum zu erhellen.

Weiches, warmes Licht,
an dessen Grenzen die Dunkelheit,
die Dimension des Undurchdringlichen erreicht,
ungewiss, was dahinter,
unbestimmt,
ob außer dem Licht noch anderes existiert.

Es ist ein Licht, das mich umhüllt,
mich erleuchtet,
mich durchdringt,
mich in sich aufnimmt,
meine Konturen auflöst,
ganz so, als wolle es fragen:

„Bist du?
Oder bist du nur ein Traum,
ein Trugbild,
verloren im Licht?"

Fast möcht' ich verweilen,
auf ewig in diesem Licht,
der Welt, der Zeit entrückt,
in einem Augenblick gefangen,
wär' da nicht der Schatten deiner Hand
auf meinem Körper,
der Hauch deiner Berührung,
die Wärme in meinem Herzen,
der Wunsch, dies Licht möge auch dich berühren.

Wär' all dies nicht,
würd' ich verharren im Licht,
das mich berührt wie der sanfte Kuss des Lebens,
wie nur du mich zu berühren vermagst,
und wärst du nicht bei mir,
würd' ich zweifeln,
ob ich bin,
oder bin nur ein Traum,
ein Trugbild,
verloren im Licht.

Eine etwas andere Geschichte über das Universum

Sagen, Mythen und Legenden faszinieren mich, solange ich zurückdenken kann. Auch jene, die eigentlich aus der Wissenschaftsecke kommen: Wie entstand das Universum? Was ist Unendlichkeit? Was war davor, was kommt danach? Was liegt außerhalb der Grenzen unseres Universums?

So viele Fragen, die meine ungezähmte Fantasie auf Reisen schicken in Welten, die nie ein Mensch zuvor betreten hat.

So viele Herzen schlagen in meiner Brust: wissenschaftliche Neugier, romantische Fantasie, philosophische Reflexion.

In die lange Reihe der Entstehungsmythen unseres Universums füge ich heute meine Version von etwas ein, über das wir (zum Glück) niemals Gewissheit erlangen werden. Somit entzieht sich jede Diskussion einem finalen Ende, einer abschließenden Aussage, bleiben zahllose Optionen möglich, auch diese:

Blicken wir mit unseren Teleskopen hinaus in die unergründliche Dunkelheit des Universums, zurück in der Zeit, mögen die Weiten und was darin herumschwirrt, für manche voller Schönheit und zu entschlüsselnder Geheimnisse sein, für andere kalt und leblos, voller Dunkelheit und Gefahren.

Was nun, wenn all das, was in dieser Unendlichkeit scheinbar zufällig an seinem Platz geraten scheint, genau dort ist, wo es sein soll?

Was, wenn all das, was wir erblicken und zum großen Teil auch nur erahnen, Teil eines gigantischen Organismus ist, der wie wir lebt und atmet?

Was, wenn der Herzschlag dieses Wesens unendlich langsam und unendlich kraftvoll ist; wenn sein Herz sich einst zusammenzog, um sich wieder auszudehnen (wie es das Universum seit dem Urknall tut)?

Was, wenn jeder Herzschlag ein neues Universum hervorbringt, begrenzt in Zeit und Raum, nur scheinbar unendlich - wäre dann nicht jedes Ende ein neuer Anfang?

Was, wenn wir alle Teile dieses allumfassenden Lebewesens sind? Wenn der Lebensfunke, der uns durchfließt, ein Gedanke dieses Wesens ist? Wenn sein Herz gleich unserem Universum unendlich ist, wie viel Liebe mag es zu durchströmen? Wenn uns diese Liebe vom ersten Atemzug nährt und über den letzten hinaus? Wenn nicht nur die Materie, aus der unsere Körper bestehen, sondern auch unsere Seelen Kinder der Sterne sind?

Was, wenn die Legende stimmt, dass niemals etwas für sich allein existiert? Wenn alles stets als sich ergänzende Paare erschaffen wird, immer im Gleichgewicht, nur vollkommen in der Vereinigung. Wenn für jede Seele zwei Körper durch diese Welt wandeln, wartend auf den Augenblick, da sie aufeinander treffen, um wieder eins zu werden.

Was, wenn es keine Bedeutung hat, jemals die Antworten auf diese Fragen zu finden, sondern einfach nur darum geht, zu fühlen, dass alles genau so ist, wie es sein soll, und wir genau an dem Platz sind, der uns zugedacht ist. Wenn wir nur unseren Herzen lauschen, die im Einklang mit dem universellen Herzen schlagen, und uns den Weg durch Raum und Zeit zu weisen vermögen. Wenn gar nichts anderes möglich wäre, wie könnten wir dann je etwas anderes sein als geborgen in der Umarmung des Lebens?

Mein Verstand mag nicht immer zustimmen, aber tief in meinem Herzen fühle ich diese nicht zu erklärende oder zu beschreibende Gewissheit, dass hinter all dem, was wir sehen (und auch nicht sehen) können ein höhere Ordnung verborgen liegt, die sich zwar unserem Verständnis, aber nicht unserem Fühlen entziehen kann. Mangels anderer Worte nenne ich diese Erfahrung ganz einfach „die Umarmung des Lebens."

Wenn die Sonne den Horizont berührt

Wenn die Sonne den Horizont berührt,
wenn ihr Licht hinab in das Dunkel der Meere taucht,
wenn der Schatten der Nacht die Welt verhüllt,
wenn mein Blick sich nach innen richtet,
denn geht meine Seele auf Reisen,
meine Gedanken weit fort –
und sie bleiben doch nur bei mir.
Was ich auch sehe, ich sehe es in mir.
Was ich auch fühle, es lebt in mir.
Wohin ich auch gehe, ich bleibe immer bei mir.
Meine Seele liegt vor Euch wie ein offenes Buch,
jedes Wort ein Spiegel,
jede Zeile ein Bild,
ein Weg zu mir,
ein Labyrinth,
scheinbar einfach,
und doch verworren.
Doch wer diesen Weg geht,
der wird mich finden,
irgendwo,
im Labyrinth,
irgendwann,
wenn die Sonne den Horizont berührt.

Nachwort

Am Ende eines Buches stellt sich für mich immer die Frage: ist es gelungen? Konnten meine Worte die Umarmung des Lebens für Dich spürbar machen? Das kannst nur Du mir beantworten und ich freue mich auf Dein Feedback, gerne auch auf eine E-Mail von Dir an lesley.b.strong@gmx.net

Manchmal werde ich bei Buchlesungen gefragt, welche der Geschichten oder welches Gedicht ich am liebsten habe. Das kann ich beim besten Willen nicht beantworten. Sie alle sind ein Teil von mir und aus meinem Herzen entsprungen. Was ich allerdings beantworten kann, ist die Frage, was mich die Umarmung des Lebens am stärksten empfinden lässt: Es ist das Schreiben an sich! Es zaubert ein Lächeln in mein Gesicht, strahlende (Kinder-)Augen und ein warmes Gefühl, das sich über meine Schulter legt wie ein Mantel aus Geborgenheit, mich vollständig einhüllt in eben jene Umarmung des Lebens.

Wenn ich schreibe, bin ich. Uneingeschränkt, ohne Masken, ohne Begrenzungen. Ich erzähle, was ich tief in mir fühle, dessen Intensität früher mein Umfeld überfordert und so manchen Schaden angerichtet hat.

Heute lebe ich MICH ungehemmt als Geschichtenerzählerin aus, kann und darf sein, wer ich bin. Lebe, was ich fühle. Jedes einzelne Wort kommt von Herzen. Keines davon ist ein fauler Kompromiss. Als Self-Publisher gestalte ich zu 100%, was ich publiziere. Keine inhaltlichen Vorgaben von Verlagen, kein Termindruck, kein „Verdrehen" um einer Marketinglinie zu entsprechen oder einer Zielgruppe zu gefallen. Für mich geht es beim Schreiben nicht darum, reich oder berühmt oder beides zu werden, ich will einfach nur leben!

Ich bin, wer ich bin. Ich bin, was ich schreibe.

Seit Oktober 2017 schreibe ich, kehre mehr und mehr zurück in die Umarmung des Lebens. Mit jedem einzelnen Wort, jeder Zeile und dem, was es dazwischen zu entdecken gilt. Täglich aufs Neue erschaffe ich für mich meine eigene Welt der Fantasie, Romantik, Sinnlichkeit, Liebe und noch viel mehr. Täglich aufs Neue finde ich Frieden in meiner Welt, lege sie mir wie ein unsichtbares Tuch um meinen Körper und lasse mich in die Umarmung des Lebens fallen. Ich stehe privat und beruflich mit beiden Beinen in der Realität, doch meine schier grenzenlosen Emotionen lassen in der „anderen" Welt bei Sonnenuntergang den Himmel in einem atemberaubenden Farbenspiel als grandioses Finale eines unbeschreiblichen Tages leuchten; lassen mich in der Melodie eines Liedes schwingend auf meinem inneren Ozean der Gelassenheit treiben; lassen mich das Leben spüren in jedem Atemzug, jedem Herzschlag, gleich einem Kuss, der im Hier und Jetzt beginnt und nie zu enden scheint. Was ist Ewigkeit, wenn nicht das absolute Verweilen im Augenblick?

Ich bin eine unheilbare Romantikerin.

Ich bin Lesley - a fiery spark of joie de vivre

Zu Beginn eines Buchprojektes scheint das Ende in weiter Ferne, richtet sich mein Blick auf die Aufgaben und deren Umsetzung. Am Ende jedoch beschleicht mich ein wenig Wehmut, dass es schon vorüber ist. So faszinierend es jedes Mal aufs Neue für mich ist, scheinbar aus dem Nichts – nur aus einem Gedanken heraus – ein Buch mit all seinen Facetten und Emotionen zu erschaffen, so schwer fällt es auch, letztendlich loszulassen, den Drang zu bremsen, noch an kleinsten Details zu feilen, und stattdessen den finalen Schlussstrich zu ziehen und zu sagen: So ist es und so bleibt es.

Mit diesen Zeilen erreichen wir das Ende unserer gemeinsamen Reise „EMBRACE – Fühle die Umarmung des Lebens".

… und ich danke Dir für die Zeit und Achtsamkeit, die Du diesem Buch gewidmet hast. Von ganzem Herzen wünsche ich Dir, dass Du darin gefunden hast, wonach Du vielleicht gesucht hast – und was ich Dir schenken wollte: ein wenig Zeit in der Umarmung des Lebens.

Herzlichst, Lesley

Apropos „So ist es und so bleibt es"

Der „Zufall" wollte es, dass ich den Upload des finalen Buchkerns erst nach dem Valentinstag durchführen konnte, und so fanden auch noch diese Worte Platz auf der verbliebenen freien Seite:

Heute ist VALENTINSTAG – der Tag, an dem wir unseren Liebsten Blumen, Süßigkeiten und andere Aufmerksamkeiten als Zeichen unserer Verbundenheit und Wertschätzung überreichen. Meine persönliche Idee zu dieser Geste ist – wie häufig – [nicht] ganz alltäglich …

„Willst du einem anderen zeigen, wie sehr du ihn oder sie liebst, dann achte gut auf dich und liebe zuerst dich selbst, denn diese Liebe wird sich nicht auf dich und dein Leben beschränken. Diese Liebe wird über dich hinaus in die Welt strahlen. Die anderen werden diese Liebe wahrnehmen, und es wird sie glücklich machen zu sehen, dass es dir gut geht, du gut auf dich achtest und du mit dir selbst im Reinen bist; es wird ihre Sorge um dich lichten wie die Sonnenstrahlen am Morgen die Dämmerung erhellen; es wird ihnen jene Gelassenheit und Zuversicht schenken, die mit Harmonie einhergeht, mit Zufriedenheit und Glück.

***Achte auf dich selbst** – LIEBE aus ganzem Herzen (dich selbst und andere) – und deine Liebe wird ansteckend – viral – eine Dynamik, die weder Worte noch Gesten noch Geschenke braucht, sondern einfach nur DICH – so wie DU bist – geboren, um zu lieben."*

Die Welt von Lesley B. Strong

Geboren, um zu schreiben...

... oder Geschichten zu erzählen. Soweit ich zurückdenken kann, gehörte das Erzählen von selbsterfundenen Geschichten zu meinem Leben.

Es war und ist mein Weg, diese Welt und mich selbst durch Geschichten zu verstehen. Ich wollte immer schon Schriftstellerin werden.

Im Oktober 2017 begann ich damit, meinen langgehegten Wunsch im realen Leben umzusetzen und veröffentlichte im September 2018 meinen Debütroman JAN/A. Es folgten meine Autobiographie #Borderline, mein Blog ...

Meine Arbeit als Autorin stelle ich in den Dienst meiner Vision, den Schleier aus Klischees (insbesondere in Bezug auf Borderline, aber auch andere Themen) zu lüften und den Blick zu öffnen für die Vielfalt des Lebens, die Einzigartigkeit jedes einzelnen Menschen und seiner „eigenen Welt" und das Bewusstsein, dass diese Welten sich weniger voneinander unterscheiden als manche meinen möchten.

Letztendlich streben wir alle – bewusst oder unbewusst – nach Liebe, Geborgenheit und Anerkennung.

DIS/CONNECTED – LIEBEN oder LEIDEN?
Eine Lebensgeschichte #Borderline

Ich wurde am Mai 1969 südlich von Wien geborgen. Jahrzehntelang durchlebte ich unerkannt als Borderlinerin alle Tiefen des Lebens, stets auf der fast schon krampfhaften Suche im außen nach einer Erklärung, einem Modell, einem WIE ich mit dieser Welt und mir selbst zurechtkommen könnte, ohne Krisen, Zusammenbrüche, (Selbst-)Zerstörung und Drama in allen Facetten.

Bis ich eines Tages beschloss, einen anderen Weg einzuschlagen. Ich begab mich auf eine Reise zu mir selbst, mit nicht mehr im Gepäck als der vagen Idee, dass alles anders sein könnte, als ich bislang gedacht hatte …

Ich suchte mich - und ich fand Lesley.

… und in diesem Buch nehme ich Sie mit auf meine Reise zu mir selbst.

Erschienen im Juni 2019 bei myMorawa
ISBN: 978-3-99084-703-9 (Paperback)
ISBN: 978-3-99084-704-6 (Hardcover)
ISBN: 978-3-99084-705-3 (e-Book)

TIPP:
*Schnell & einfach zum Video-Buchtrailer: QR-Code im Coverbild scannen und **URL** öffnen.*

JAN/A
Eine [nicht] ganz alltägliche Liebesgeschichte

Kann eine Geschichte ein Leben verändern? Diese hat es getan. Dies ist der autobiographische Roman meiner Reise zu mir selbst. Er entführt in eine Welt tiefer Emotionen; eine Welt, die Schmerz und Leid ebenso kennt wie herzerwärmende Romantik, atemberaubende Sinnlichkeit, knisternde Erotik, verführerische Leidenschaft und verspielte Lebensfreude; eine Welt, die einer emotionalen Achterbahnfahrt gleicht; eine Welt, in der das Schicksal einen Mann dazu verdammt hat, der in die Dunkelheit gefallene Dämon zu sein, den keine Frau je lieben könnte - außer der Einen, die das Licht in sich trägt. Verbunden durch ihr Schicksal und ihre Bestimmung, kämpfen beide gegen alle Widrigkeiten an, die das Leben ihnen – oder manchmal auch sie selbst – in den Weg legt, kämpfen für ihre Bestimmung, ihre Liebe.

Aber sind es überhaupt zwei? Oder war es immer nur die Eine, die sich selbst gesucht hat?

Dies ist die Geschichte, die MEIN Leben verändert hat.

Erschienen im September 2019 bei myMorawa
ISBN: 978-3-99084-993-4 (Paperback)
ISBN: 978-3-99084-994-1 (Hardcover)
ISBN: 978-3-99084-995-8 (e-Book)

RE/CONNECTED

A Borderline Story with Happy End

Dieser Blog richtet sich an Betroffene, Angehörige und alle anderen mit Interesse an der Thematik Borderline-Syndrom.

Ich teile hier meine persönlichen Gedanken, Erfahrungen und Erkenntnisse zum Thema Borderline mit dir. Ich beanspruche für mich weder einen allgemeingültigen Erfolgsschlüssel gefunden zu haben noch das dies der Weisheit letzter Schluss ist.

Und auf keinen Fall spreche ich Handlungsempfehlungen für andere aus. Manchmal werde ich sogar der Fachliteratur widersprechen. Aber … dies ist mein Leben, meine Gefühle und Ansichten. Dies ist meine Geschichte. Ich erzähle sie genauso, wie ich sie erlebe. Manchmal nachdenklich, ein anderes Mal mit einer großen Portion Humor. Ich schreibe über Herausforderungen, ohne im Problem zu verweilen. Schließlich geht es um mein Leben, meine Geschichte - und die hat ein Happy End – ich steh drauf. Ehrlich ☺

https://reconnected.blog/

https://www.facebook.com/blog.lesley.b.strong/

Magazin Mein Leben Live

Entdecke die Vielfalt

Ein junges, dynamisches Magazin mit Vergangenheit. Seine Wurzeln entspringen in einer bunten Themenmischung rund um Ernährung, Leser- & Leserinnen-Projekte, Naturheilkunde, Reisen, allgemeiner Lebenshilfe und vielem mehr.

Mein Leben Live – Entdecke die Vielfalt – gestaltet von Leser/innen für Leser/Innen. An dieser grundlegenden Idee orientieren wir uns und erweitern sie bis hin zum interaktiven Format aus Informationen und Inspiration

Unsere Vision: **Die Vielfalt des Lebens sichtbar zu machen.** Und DU kannst mit dabei sein!

… denn auch DU bist ein Teil der Vielfalt des Lebens. Deine Geschichte und deine Erfahrungen sind es, die dieses Magazin einzigartig machen. Deine Wünsche und Ideen lassen uns neue Horizonte erkunden in dem Auftrag, auch andere daran teilhaben zu lassen. Dein Feedback ist die Latte, an der sich unser Team misst.

Sei ein Teil von „Mein Leben Live"!

www.mein-leben-live.de

Romane made in Austria

Dieser Verein zur Förderung österreichischer Belletristik Autoren wurde Anfang 2018 gegründet, um österreichische Autorinnen und Autoren, bzw. solche mit besonderem Bezug zu Österreich zu unterstützen und somit den heimischen Buchmarkt zu stärken.

In unserem Verein tummeln sich Autorinnen und Autoren, die entweder in Österreich leben, als österreichische Staatsbürger irgendwo anders auf der Welt ihr Plätzchen gefunden haben oder von Österreich abstammen und immer noch mit dem Herzen mit unserem schönen Land verbunden sind.

Die Autoren und Autorinnen sind in unterschiedlichen Genres beheimatet. Zugegebenermaßen liegt der Schwerpunkt jedoch bei Liebesromanen. Aber nicht nur Romance ist bei uns vertreten. Auch wer gerne Krimis oder Thriller liest, wird bei uns fündig. Ebenso stammen einige historische und humorvolle Geschichten aus der Feder unserer Autoren und Autorinnen.

Du bist selbst Autor oder Autorin und möchtest dem Verein beitreten? Dann überzeuge dich gerne über die Vorteile, die eine Mitgliedschaft bei uns mit sich bringt, und stell uns eine Anfrage. Wenn wir der Meinung sind, dass du zu uns passt, werden wir uns bei dir melden.

Du bist Blogger oder Vielleser und möchtest österreichische Autoren auf deinem Blog vorstellen, Bücher rezensieren, oder sie anderweitig unterstützen? Dann melde dich zu unserem Blogger-Newsletter an. Wir freuen uns auf dich!

Meine letzten Worte (in diesem Buch) richte ich an alle jene, die mich während der Entstehung begleitet und unterstützt haben. Ich danke von ganzem Herzen …

… Renee Rott, meinen Cover-Designer #1 mit dem richtigen Gespür für meine emotionalen Thematiken. EMBRACE war unsere dritte Zusammenarbeit und wenn es nach mir geht, mit Sicherheit nicht unsere Letzte ☺. www.cover-and-art.de

… dem gesamten Team von myMorawa, für ihre Unterstützung bei der Realisierung dieses Buchprojektes, allen voran meine Buchprojektmanagerin Michaela Scherzer. www.mymorawa.com

… Guido Kreft, für seine berührenden Worte, welche Dich zu Beginn dieses Buches in Empfang genommen haben. Seine Rückmeldung hat auch meine letzten Zweifel in Bezug auf EMBRACE aufgelöst wie ein Sonnenstrahl den Nebel über einem dunklen See.

… und ganz besonders all jenen hier namentlich ungenannten Menschen, die mich seit Oktober 2017 auf meinem Weg bestärkt haben; die sich von meinem offenen Umgang mit dem Thema Borderline nicht abschrecken lassen und weiterhin in Freundschaft und Verbundenheit zur mir stehen; die mir weiterhin Toleranz und Verständnis entgegen bringen und mich so annehmen, wie ich bin.

Paperback

ISBN 978-3-99093-778-5

9783990937785

Hardcover

ISBN 978-3-99093-779-2

9783990937792